西南山区梯田景观格局与生态系统服务研究

——以元阳梯田为例

郭先华 编著

四川大学出版社
SICHUAN UNIVERSITY PRESS

图书在版编目（CIP）数据

西南山区梯田景观格局与生态系统服务研究 ：以元阳梯田为例 / 郭先华编著. — 成都 ：四川大学出版社，2023.3

ISBN 978-7-5690-6045-4

Ⅰ. ①西… Ⅱ. ①郭… Ⅲ. ①哈尼族－梯田－民族文化－研究－元阳县②哈尼族－梯田－农业生态系统－研究－元阳县 Ⅳ. ①K285.4 ②S181.6

中国国家版本馆 CIP 数据核字（2023）第 050360 号

书　　名：西南山区梯田景观格局与生态系统服务研究——以元阳梯田为例
Xinan Shanqu Titian Jingguan Geju yu Shengtai Xitong Fuwu Yanjiu
——Yi Yuanyang Titian Wei Li
编　　著：郭先华

选题策划：许　奕
责任编辑：王　锋
责任校对：吴连英
装帧设计：墨创文化
责任印制：王　炜

出版发行：四川大学出版社有限责任公司
地址：成都市一环路南一段 24 号（610065）
电话：（028）85408311（发行部）、85400276（总编室）
电子邮箱：scupress@vip.163.com
网址：https://press.scu.edu.cn
印前制作：四川胜翔数码印务设计有限公司
印刷装订：四川五洲彩印有限责任公司

成品尺寸：148mm×210mm
印　　张：5
字　　数：133 千字

版　　次：2023 年 5 月 第 1 版
印　　次：2023 年 5 月 第 1 次印刷
定　　价：36.00 元

本社图书如有印装质量问题，请联系发行部调换

扫码获取数字资源

四川大学出版社
微信公众号

前　言

二氧化碳（CO_2）等温室气体的排放被证明是引起全球气候变暖的主要原因。改革开放以来，随着我国经济体量的快速增大、城市化进程的不断推进，目前我国已经成为 CO_2 排放大国。为减缓全球变暖的趋势，履行国际义务，减少碳排放，实现低碳绿色发展，习近平总书记在 2020 年联合国气候大会上提出中国在 2030 年实现碳达峰、2060 年实现碳中和的目标。这一双碳目标的确定为我国经济发展转型和结构调整带来了重大挑战和机遇：既要保持经济稳步发展，又要降低碳排放总量。

2030 年后全国的碳排放总量不能再增加，逐步实现碳中和。目前的碳中和技术主要包括加大清洁能源的使用、取代化石燃料，提高工业清洁生产水平、节能降耗；开发工业碳吸收技术，将碳进行固化、深层填埋，开发生物固碳技术，依靠植物吸收，增加碳汇。植树造林、加大森林养护和培育是实现碳中和的重要手段。有研究表明，陆地生态系统对减少碳排放及缓和全球变暖具有重大意义。与陆地生态系统密不可分的土地利用覆被变化（Land Use and Cover Changes，LUCC）是影响碳储量变化最主要的因素之一。土地利用覆被变化是研究陆地生态系统碳储量变化的关键点，其可能影响生态系统中植被和土壤的碳储量变化，进而影响整个区域的碳储量变化。在“碳达峰、碳中和”双碳目标背景下，探讨农林生态系统碳储量时空变化问题刻不容缓。

西南广大山地区域是我国重要的生态安全屏障，森林覆盖率高、植被好，是重要的碳汇。为进一步提高该区域森林生态系统固碳等生态系统的服务功能和价值，摸清碳汇家底，提高固碳能力，本书以西南山区元阳梯田为例，对该区域的土地利用覆被变化进行分析，揭示元阳梯田核心区的土地利用动态变化趋势和景观格局变化的特征，对元阳梯田稻田—森林生态系统服务价值进行评价，研究元阳梯田森林生态系统土壤的固碳能力，分析森林表层土壤有机碳及活性组分、森林土壤水溶性有机碳、土壤颗粒有机碳、土壤总有机碳储量、森林土壤有机碳密度等；研究该区域森林生态系统的固碳机理。本书对西南区域森林生态系统固碳能力的评价具有重要参考价值，可以为我国西南山区梯田的可持续发展及森林生态系统的保护与培育提供重要的参考依据；同时为相关部门加强自然资源管理和森林养护提供重要依据。

由于编者水平有限，加之时间仓促，书中难免存在不足，希望读者给予批评和指正。

编　者

2022 年 12 月

目 录

1 元阳梯田森林生态系统景观格局时空演变

1.1 研究概况

1.1.1 研究背景

元阳梯田以其典型的山地农业特色，成为世界文化遗产和全球农业文化遗产地。新街镇是元阳梯田的核心区域。随着旅游业的发展，元阳哈尼梯田的知名度越来越高，每年有大量的国内外游客前来旅游。旅游业和城镇化的快速发展使土地不合理利用的问题日趋严重，出现自然资源破坏、景观功能弱化等问题。

本章应用 3S（GIS、RS 及 GPS）技术，对研究区域 2000 年、2005 年、2011 年、2017 年的遥感图像进行解译，从动态变化的角度对研究区域的土地利用情况进行分析，揭示元阳哈尼梯田核心区的土地利用动态变化趋势和景观格局变化特征，以期为元阳梯田的土地可持续利用和世界文化遗产保护提供科学参考依据。

1.1.2 土地利用变化研究进展

1.1.2.1 土地利用变化国外研究进展

1956年，Thomas对人类活动引起的地球表面变化进行分析，并认为在人类活动过程中应当遵守相应的规则。在这一阶段，土地利用类型、土地利用方式、土地利用的变化机制和制图表达是国外研究的重点，这也是土地利用研究的初始阶段。1990年，美国国家研究委员会（NRC）提出了第一个土地利用覆被变化（LUCC）的全球研究框架，不再局限于经济学领域的研究，而是扩大土地利用变化的研究范围，结合人类活动、文化、政治等多方面的因素进行探讨，全面分析土地利用变化的总体影响。1994年，土地覆盖评估和模拟项目由联合国环境规划署（UNEP）正式启动，该项目的主要内容是对东南亚的土地利用变化进行全面调查，推动东南亚地区土地利用的可持续发展。1995年，LUCC研究计划被提出，它主要研究人类驱动力—LUCC—全球效应—环境变化的相互作用机制，对土地利用变化进行预测，对生态环境变化进行评估。1995年，国际组织启动了为期三年的土地利用变化研究，对1900—1990年欧洲和北亚地区的土地利用变化情况进行研究分析和模拟预测，从空间、时间两个方面分析土地利用变化带来的环境效应，并根据自然和社会环境的驱动因子，对未来50年该区域的土地利用变化进行预测，为土地可持续利用提供理论基础，制定相关的政策和实施措施。随着全球化的发展，土地利用变化、全球气候变化及臭氧层空洞被列为引起全球环境变化的主要原因。1996年，美国全球变化委员会在北美进行了土地利用变化研究。在此期间，欧盟也制订并实施了欧洲的LUCC研究计划。在亚洲地区，最先开展土地利用变化研究的国家是日本，日本从全球环境保护的角度，开展了土地利用项目（LU/GEC 项目），从空间变化、时间动态变化、变化驱动因子三个方面开展研究工作，其相应对策和技术上的研究还在不断深入。1999 年，联合国环境规划署提出了一个更全面的全球和区域土地利用变化模型，进一步研究土地利用变化的过程和人类响应机制，为 LUCC 研究制定实施战略。在 2002 年区域地理会议上，研究人员对土地利用变化的研究内容、研究方法和研究范围进行了深入拓展，总结了当时几个主要的研究方面：土地利用变化的评价与制图表达，农村和农业区土地利用变化研究，城市土地利用变化，土地利用动态研究，RS 和 GIS 技术在土地利用变化监测中的应用，土地利用变化及其生态效应等。

总而言之，国外在土地利用变化方面的研究已经逐渐成熟，美国、日本和欧盟分别建立了不同层次的研究项目。LUCC 侧重于研究变化过程和动态机制、区域或全球空间统计模型、遥感技术在该领域的应用和可持续土地利用研究。

1.1.2.2 土地利用变化国内研究现状

我国 LUCC 研究起步较晚，然而近年来土地利用变化研究发展迅速。土地利用变化模型研究是一个热点方向。陈佑启等综述了国外关于 LUCC 的研究，为国内开展土地利用变化方面的研究提供了参考。罗湘华等对土地利用变化的研究背景进行了分析，对当时的土地利用变化研究模型进行对比。随着技术的进步，可以从 NOAA 卫星遥感图像中得到土地覆盖和植被覆盖变化数据，对其进行区域分析。2000 年，国家环境保护总局完成了西部遥感调查。近年来，土地利用变化的研究从全球领域向区域转移，国内学者开始重视理论知识的实践应用，研究区域 LUCC 的特征、规律及其驱动机制，同时开始结合 3S 技术、各种 LUCC 模型进行区域土地利用变化的研究分析。杜自强等利用 RS、GIS 技术，对某区域 15 年间的土地利用变化进行动态分析，通过马尔科夫模型，预测其研究区域未来的土地利用演变趋势。彭建等选取相应的景观生态学格局指数，结合近十年其研究范围内的土地利用变化特征，对其引起的生态环境变化进行分析。李鹏山等对研究区域的社会经济数据进行研究，分析其存在的驱动因子，利用 PSR 模型，进行 LUCC 研究及其生态环境效应评价，并利用 GIS 软件的空间叠加分析，对区域内的不同土地利用类型进行环境影响评价。叶宝莹等通过空间相关性分析，利用多元线性回归函数筛选土地利用变化的主要影响因子，对区域的土地利用变化模型进行研究分析。摆万奇等在土地利用变化的研究中，运用回归分析模型，结合 Logistic 逐步回归法，从 15 个生物、物理、社会经济因素中筛选出最为重要的关键因子，通过模型运算，进行定量分析和定性描述，确定各因素的权重大小。

国内的 LUCC 研究经过近几年的快速发展，在研究空间变化驱动机制、生态环境效应和土地利用变化模型三个方面取得重大进步。随着研究不断深入，基础理论和新技术不断完善，LUCC 引起的生态环境效应成为国内该领域的研究重点。因为生态环境效应的影响因子众多，研究起来存在一定的难度，所以主要是结合定量化的研究，构建相应的指标体系对生态环境效应进行分析。

1.1.2.3 景观格局变化国外研究进展

1939 年，德国地理学研究员 Troll 首次提出了景观生态学的概念。19 世纪 30 年代，航空照片出现，其在景观生态学领域得到广泛应用。1968 年，Troll 对原先提出的景观生态学概念进行了进一步的阐释：景观生态学是在一定的空间、时间范围内，研究区域内的生物群落与周围环境间的相互作用。在区域内，这种相互影响表现在空间格局方面，对地理分布的影响表现在等级结构上。因此早期的景观生态学主要是结合地理学和生态学进行研究，即研究区域生物群落及其环境的相互依赖性，很少研究景观格局的变化。到20世纪70年代，随着美国Landsat陆地资源卫星的发射，大尺度的遥感影像被获取，确立了景观生态学的三个主要研究方向：不同时间尺度上的空间格局变化、生态变化、空间动态变化。由于全球城镇化的快速发展，1980年以后景观生态学的研究迎来了第一个发展高峰，开始形成完整的理论体系。Forman等人通过对斑块、基质、廊道等元素的研究，定量分析区域的景观结构和功能变化。在学术研究上分为西欧学术团体和北美学术团体。西欧学术团体的景观生态学研究基于功能生态学、景观规划与建筑、资源经济学、政治社会、土地利用政策、土地利用规划和人文地理。北美学术团体的景观生态学基于空间分析、数学模型、地理信息系统、资源管理和生态学。随着景观生态学研究的不断深入，两个团体之间的学术研究差异逐渐减小。社会的快速发展使得新的研究技术不断被提出，在景观格局变化研究中结合3S技术，使景观格局变化的研究方法取得了很大的进步，同时景观格局与土地利用变化的研究越来越紧密。Lisa Mai Olsen等对美国佐治亚州本宁堡1827—1999年的土地利用变化进行研究，对景观格局指数的计算使用Fragstats景观指数计算软件，通过对景观指数计算结果的分析，阐述土地利用变化对生态环境的影响。Harini Nagendra等人运用3S技术、Fragstats景观分析软件研究了地区土地利用变化对景观格局变化的影响。越来越多的国际组织在开展土地利用变化的研究工作时，会结合其区域景观格局变化、区域土地利用空间结构变化，并预测其变化趋势。

1.1.2.4 景观格局变化国内研究进展

20世纪80年代，我国的景观生态学研究开始兴起。1982年，柴希民发表了一篇关于景观生态学的文章，研究西伯利亚松毛虫的景观生态学特点。景观生态学研究在国内的发展非常迅速，每年论文的发表数量都明显增多，为国内景观格局变化的研究提供了坚实的理论基础。国内景观格局研究的三个主要方向是景观类型的组成研究、景观多样性研究和景观异质性研究。肖笃宁等人提出了景观空间分析的框架，从生态学的角度出发，分析城市的景观、结构和功能特征，将城市景观生态划分成三个主要内容。在城乡景观规划中，对农村景观的生态规划原理、建设模式进行探讨和研究，结合地方特色，保护景观的完整性，完善我国城乡景观的生态规划体系。到了21世纪，RS、GIS、Fragstats等软件和技术在景观格局研究中的应用越来越广泛。研究景观的动态变化，进行景观的优化研究，探索景观与生态过程的耦合作用，寻找景观演变分析方法、驱动力机制和演变趋势是国内的主要研究重点。张晨等人运用Fragstats、GIS及其他相关软件和分析技术，研究了四川省荣县的景观格局变化，并对其进行了分析。徐昌瑜等人以江苏省宜兴市为例，在GIS技术的支持下，采用Fragstats分析软件，结合自然、社会环境因子，构建相应的指标评价体系，导入计算模型，对区域的土地利用生态系统进行研究，并对土地生态质量做出评价。闫俊霞等人根据2014年地区的Landsat 8图像，定量评估区域景观格局，总结绿地系统景观格局当前存在的问题，以期为绿地景观格局优化提供科学依据和理论参考。

国内景观格局的研究对象、研究尺度、研究内容都在不断扩大，应用更加广泛。景观格局变化研究已经运用到国土资源规划、城乡建设规划、资源利用与保护等方面。

1.1.3 研究区概况

元阳县位于云南省南部，哀牢山脉南段，红河南岸，处于102°27′～103°13′E，22°49′～23°19′N，县境内最低海拔为144 m，最高海拔为 2939.6 m，海拔高差 2795.6 m。日最高气温32.4℃，最低气温−2.6℃，年均降雨量为1398 mm，降雨集中在5月到10月，占全年降雨量的10%以上，10月到次年2月多为阴霾天气，全年相对湿度85%，雾期为174～180 d，全年日照时长1770 h。气候多属亚热带季风类型，受地理环境和地形条件的影响，立体气候明显，海拔1200 m以下为河谷区，常年无霜，雨量充沛，蒸发量大，气候炎热；1200～1700 m为中低山区，雨量较充沛，气候较温和；1700 m以上为中山区，多雾多雨。其地势南高北低，地形坡度变化不大，坡度为15°～35°。

当地的哈尼族在长期的生产实践中创造的森林—村寨—梯田—江河四位一体的梯田生态系统举世闻名，被誉为山地农业的典范。哈尼族在生产实践中积累了丰富的传统知识，创造了灿烂的梯田文化，最终发展为举世闻名的世界农业文化遗产。森林处于元阳梯田结构的金字塔顶端，对整个生态系统的作用体现在水源涵养方面。元阳梯田作为世界农耕文明史上的“世界奇迹”，具有不可替代的研究、保护和开发价值。它蕴含古老文化的特征；同时，元阳梯田作为世界农耕史上具有特殊意义的“劳动杰作”，作为人与自然和谐相处的“人类文明典范”，其意义和价值也越来越得到中外研究人士的认同。

元阳梯田分布在从山脚延伸至海拔2000多米的山巅，级数可达3700多级，元阳县境内就有17万亩梯田。元阳梯田是以哈尼族为主的各族人民利用“一山分四季，十里不同天”“山有多高，水有多高”的特殊地理气候同垦共创的梯田农耕文明奇观，呈现森林—村寨—梯田—水系“四素同构”的农业生态系统，农耕生产技术和传统文化活动均围绕梯田展开。

1.1.3.1 研究区域

本章选取的研究区域为新街镇。新街镇位于云南省红河州元阳县中部，东经102°27′～103°13′，北纬22°49′～23°19′。新街镇东邻胜村，西邻牛角寨乡，北靠南沙镇，南靠攀枝花乡，是元阳梯田的核心区。

1.1.3.2 自然环境状况

（1）地形地貌。新街镇内山多峰险，中间较低，两侧凸起，土地形状呈V字形。最低海拔480 m，最高海拔2070.2 m，高差约1600 m，海拔差异明显。者那河和麻栗寨河在该地区形成两个炎热的山谷。

（2）气候条件。新街镇地处亚热带和温带气候区，气候属亚热带季风类型。年平均气温16.4℃，最高气温32.4℃，最低气温−2.6℃。由于地形复杂，海拔差异明显，呈现出“四季分明，十天不同”的气候特征。新街镇平均降雨量为1397.6 mm，最高为1942 mm，最低为853.2 mm，降雨量极为丰富，常形成壮丽的云海景观。

（3）水文条件。新街镇境内有者那河、麻栗寨河两条河流流经。新街镇的水资源主要来自降雨，地表径流，以及坝达、小水井山顶上的水源林蓄水。

（4）植被条件。元阳县有森林面积6395.4 hm^2，其中观音山东、西山区有18167.6 hm^2的原始森林。各种山地和山脊共有45790.8 hm^2的原始森林和次生林，提供了旱地和水田的灌溉用水。

1.1.3.3 社会经济状况

（1）人文因素。元阳县共居一山的哈尼、彝、汉、傣、苗、瑶、壮 7 个民族大致说来是按海拔高低分层而居的。海拔 144 m 到 600 m 的河坝区，多为傣族居住；海拔 600 m 到 1000 m 的峡谷区，多为壮族居住；海拔 1000 m 到 1400 m 的下半山区，多为彝族居住；海拔 1400 m 到 2000 m 的上半山区，多为哈尼族居住；海拔 2000 m 以上的高山区，多为苗、瑶族居住；汉族多居住在城镇和公路沿线。2017 年年末，新街镇总人口 86386 人，其中城镇人口 8283 人，乡村人口 78103 人。

（2）经济因素。2017 年统计资料表明，新街镇农业总产值为 358383 万元，比 2016 年增长 5.5%。2016 年新街镇的农村经济总收入为 64381 万元，农民人均纯收入 6296 元。

1.1.4 研究思路

本书以元阳县新街镇四个时期的遥感影像为主要研究数据。对遥感影像进行预处理，然后用监督分类的方法对土地利用进行分类。在 ArcGIS 10.2 软件中，将四个时期的土地利用分类图和现状图进行叠加，对土地利用变化进行动态分析。将土地利用变化栅格图导入 Frastates 4.2 软件中，选择相应的景观格局指数进行运算，分析景观格局变化及其生态效应。构建生态风险评估体系，引入综合生态风险评估模型，评估研究区域的生态风险。最后，根据研究区域的土地利用特点，提出研究区域土地利用可持续发展的相关建议。

1.2 研究方法

1.2.1 数据来源

选取新街镇2000年、2005年、2011年的Landsat TM影像和2017年的Landsat－8 OLI影像（分辨率30m），进行遥感影像土地利用分析。所选取影像的成像时间内的地物特征均较明显，云量低于5%，影像数据质量较好。

非遥感数据主要来自2000—2017年元阳县统计年鉴，研究区土地利用现状图，Google Earth高分辨率卫星影像图，相关专题图和地理边界等矢量图形数据。

1.2.2 遥感数据预处理

1.2.2.1 研究区边界裁剪

对四个时期的遥感图像进行裁剪，得到只包含新街镇范围的遥感影像图。使用新街镇乡镇矢量文件，通过ENVI 5.3软件的图像裁剪模块裁剪出不规则的研究区原始图像，确定裁剪的区域范围，输出裁剪图像。同时使用ArcGIS软件提取研究区边界矢量文件，并且将其投影设置为与遥感影像一致的投影参数，然后运用ENVI 5.3软件的感兴趣区中的Subset Data from ROIs工具，直接裁剪研究区的边界以获得研究区的图像。

1.2.2.2 影像增强

影像增强是为了突出影像中物体的轮廓特征，提高影像质量，获得较好的目视效果，便于后期对影像地物信息的提取。本研究采用RGB假彩色合成波段，Landsat TM图像的RGB合成波段选择第 5、第 4 和第 1 波段，Landsat－8 OLI 图像的假彩色波段对应第 6、第 5 和第 2 波段。本研究影像增强的方法是选择相应的最佳波段进行 RGB 合成，进行 2%的线性拉伸。经处理的图像包含最丰富的信息，并且有最佳视觉效果，有益于目视解译样本和图像分类中的样本选择。

1.2.3 遥感影像分类

1.2.3.1 建立土地利用分类系统

综合考虑新街镇的区域特点、影像分辨率、可解译性等诸多因素，结合我国土地利用分类标准，建立新街镇的土地利用分类体系。新街镇的土地利用类型可分为水田、旱地、建设用地、林地、草地、其他用地 6 个类型。研究区土地利用分类见表 1－1。

表 1－1 研究区土地利用分类

编号	土地利用类型	含义
1	林地	本研究中是指乔木、灌木、竹子之类的林用地
2	草地	主要是生长草本和灌木植物的土地
3	水田	本研究中是指用于种植水生农作物的土地（主要是水稻）
4	旱地	主要是种植旱生农作物的耕地
5	建设用地	城乡居民的宅基地、工矿用地、交通用地等
6	其他用地	裸地、未利用地等

1.2.3.2 选取土地利用分类方法

遥感图像亮度值和像素值之间的差异为区分地物的不同类型提供了物理基础。根据计算机分析不同类型特征的光谱和空间差异，选择特征地物类型，将图像划分为不同的土地利用类型，实现遥感影像的分类。

经过实验比较，采用监督分类方法解释研究区土地利用类型。反复选择训练样本，选择分类方法进行对比分析，选择分类精度最高的监督分类的计算方法。

1.2.3.3 土地分类结果及精度评价

（1）土地利用分类结果。在 ENVI 5.3 软件中，分别导入新街镇 2000 年、2005 年、2011 年、2017 年的遥感图像，进行土地利用分类。打开“Region of Interest（ROI）Tool”窗口，创建训练样本，对训练样本进行评价。在“Region of Interest（ROI）Tool”窗口上，从“选项”菜单中选择“Compute ROI Separability”，选择样本，进行可分性计算。其合格样本的要求可分离性大于 1.9。然后执行监督分类，在“Toolbox”菜单中选择“Classification”中的“Supervised Classification”，根据需要和精度选择适合的分类器，执行分类，得到分类结果图。

（2）分类精度评价。分类结果会存在一些小图斑和类型错分，需要对这些小图斑进行分类后处理。常用的方法有分类结果叠加、聚类处理（Clump）、过滤处理（Sieve）和 Majority/Minority 分析等。本研究利用 ENVI 5.3 软件中的混淆矩阵（Confusion Matrix）工具进行分类结果的精度评价。混淆矩阵的计算，是结合 Google Earth 的研究区高分辨率图像的地表真实感兴趣区来对比分析的。在主菜单中，选择“Region of Interest”，打开“Reconcile ROIs Via Map”对话框。将真实感兴趣区的 ROI 文件和验证样本文件匹配到分类结果图上。从主菜单中选择“后分类”，从混淆矩阵中打开“Using Ground Truth ROIs”，选择分类结果的图像，然后生成混淆矩阵。研究区四期的分类后精度均满足要求。

1.3 土地利用变化分析

1.3.1 建立土地利用数据库

将新街镇的土地利用分类数据导入 ArcGIS 10.2 软件中，建立新街镇 2000 年、2005 年、2011 年、2017 年的土地利用数据库。新街镇 6 个土地利用类型的面积和面积占比显示，新街镇的土地利用类型以林地、水田为主。林地四个时期的面积分别为 66.03％、66.38％、68.96％、68.73％，水田占比为 15.19％、14.75％、14.00％、13.35％，其次是旱地，剩下的 3 个土地利用类型的面积占比均较小，见表 1−2。

表 1−2 研究区 2000—2017 年土地利用类型面积统计表

土地利用类型	2000 年		2005 年		2011 年		2017 年	
	面积（hm^2）	占比（％）	面积（hm^2）	占比（％）	面积（hm^2）	占比（％）	面积（hm^2）	占比（％）
水田	3549.42	15.19	3446.91	14.75	3272.49	14.00	3119.13	13.35
草地	1063.98	4.55	957.42	4.10	384.75	1.65	329.67	1.41
林地	15433.02	66.03	15514.47	66.38	16118.01	68.96	16064.37	68.73
建筑用地	394.65	1.69	449.28	1.92	500.40	2.14	740.25	3.17
旱地	2903.58	12.42	2959.56	12.66	3049.56	13.05	3052.17	13.06
其他用地	27.90	0.12	44.91	0.19	47.34	0.20	66.96	0.29
总计	23372.55	100.00	23372.55	100.00	23372.55	100.00	23372.55	100.00

1.3.2 土地利用数量变化

1.3.2.1 土地利用变化幅度

研究区内元阳梯田水田面积在 2000—2017 年呈现出持续减少的趋势（图 1－1），2000—2005 年减少了 102.51 hm^2，2005—2011 年减少了 174.42 hm^2，2011—2017 年研究区水田减少达到 153.36 hm^2。总体来看，17 年来水田面积总共减少了 430.29 hm^2。虽然从 2002 年开始元阳梯田纳入我国“世界文化遗产”申遗项目，2013 正式申遗成功，梯田保护得到重视，但实际保护方案并未得到很好的实施。况且村民的主要经济来源是农作物种植，在经济发展和农业生态保护过程中，存在部分水田向其他土地利用类型转化。

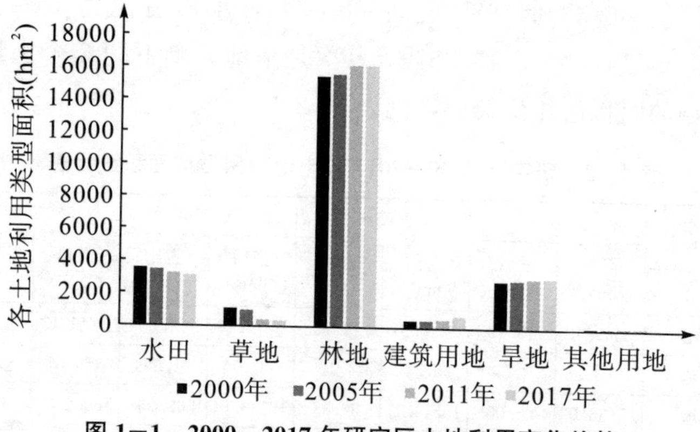

图 1－1 2000—2017 年研究区土地利用变化趋势

17 年间，草地面积逐渐减少。2000—2005 年草地减少 106.56 hm^2，2005—2011 年草地减少 572.67 hm^2，2011—2017 年草地减少 55.08 hm^2。总体来看，草地共减少 734.31 hm^2，2005—2011 年的变化最大。这些变化主要是由于植被自然生长，逐渐变成灌木，减少了草地面积；由于严重的土壤侵蚀，一小部分草地变成了裸露的地面。

林地面积总体呈现增加的趋势。2000—2005 年林地面积基本保持不变，但 2005—2011 年林地陡增了 603.54 hm^2，2011—2017 年林地面积也基本保持不变。17 年间林地面积总共增加了 631.35 hm^2。在当地经济发展的过程中，林地始终作为生态屏障得到保护，加上“退耕还林”政策，林地面积在一定程度上有所增加。当地“森林—村庄—梯田—河谷”的群落结构，使得林地为梯田提供了充足的水源。

建筑用地面积呈现逐年增加的趋势。2000—2011 年建筑用地面积基本保持稳定，2011—2017 年建筑用地面积的增加趋势稍微显著，增加了 239.85 hm^2。总体上建筑用地面积增加了 34.56 hm^2，结合当地旅游业的发展与规划、对建筑用地进行整修改建、公路的改道与新建、餐饮酒店服务业的发展和哈尼特色旅游小镇的建设，使得建筑用地增加至 740.25 hm^2。

17 年间，旱地面积一直在增加，但增加的幅度均较小，总体增加了 148.59 hm^2。这主要是由于当地农业结构模式改变，除水稻外，还种植了香茅草、花生、茶水果、香蕉等旱生经济农作物，使得一些区域的水田被旱地化。

其他用地面积是整个研究区占地最少的土地类型，土地面积呈现逐渐增加的趋势。其他用地面积从 2000 年的 27.90 hm^2 增加到 2017 年的 66.96 hm^2，总体上 17 年间增加了 39.06 hm^2。其他用地在山顶裸岩部分基本没变，山体滑坡区域和废弃采石厂的占地面积是其他用地面积增加的主要因素。

1.3.2.2 土地利用变化速度

土地利用类型的变化速度用土地利用变化率来描述。土地利用动态度：定量分析土地利用变化率，比较土地利用类型变化的空间差异，并对土地利用变化的预测有一定的作用。

土地利用变化速度的研究运用土地利用动态度模型。土地利用动态度分为两类：一类是单一土地利用动态度，另一类是综合土地利用动态度。

（1）单一土地利用动态度。

单一土地利用动态度，定量分析一定时期研究区域内，各土地利用类型的变化速率，用K_1表示：

$$K_1 = \frac{S_b - S_a}{S_a} \times \frac{1}{T} \times 100\% \tag{1-1}$$

式中，K_1表示各土地利用类型的动态度；S_a、S_b表示某一土地利用类型在初期、末期时的面积；T 表示研究时长，当 T 的时段为年时，K_1表示年变化速度。

K_1对土地利用类型双向转移的反映不足，仅反映初期和末期土地类型绝对差异的变化。引入修正后的动态度 K_2，反映区域内的土地利用类型转入与转出的双向变化情况。

$$K_2 = \frac{\Delta S_1 + \Delta S_2}{S_a} \times \frac{1}{T} \times 100\% \tag{1-2}$$

式中，ΔS_1、ΔS_2分别表示每种土地利用面积增减的绝对值；S_a表示某类土地利用类型研究初期的面积；T 表示时间间隔，单位为年。

对K_1与K_2之间的相关性进行比较，结合数学模型，计算研究区的土地利用类型变化趋势与状态指数 P：

$$P = \frac{K_1}{K_2} = \frac{S_b - S_a}{\Delta S_1 + \Delta S_2} \tag{1-3}$$

式中，P 代表土地利用类型和状态指数的变化趋势。

当$0 < P < 1$时，表示该种土地利用类型面积增加。P 趋近于 0，表示该种土地利用类型的转入与转出相对稳定，但平衡稍微倾向于转入。P 趋近于 1，表示转入与转出呈极端化趋势，土地利用的转出微乎其微。

当$-1 < P < 0$时，表示该种土地利用类型面积呈下降趋势，

土地利用面积减小。P 趋近于 0，表示该种土地利用类型的转出与转入保持大致上的相对平衡，转出略微大于转入。P 趋近于 −1，表示该种土地利用类型的转出与转入的差距较大，几乎只有该土地利用类型的转出，导致该土地利用类型的面积不断减少。

以 2000 年和 2017 年为例，直接计算 17 年间新街镇 6 种土地利用类型的动态度，见表 1−3。

表 1−3　2000—2017 年研究区土地利用动态度

	水田	草地	林地	建筑用地	旱地	其他用地
动态度 K_1（%）	−0.71	−4.06	0.24	5.15	0.30	8.24
动态度 K_2（%）	0.71	4.06	0.38	5.16	1.31	8.80
P	−1.00	−1.00	0.63	1.00	0.23	0.94

17 年间水田的减少速度为 0.71%，草地也以年平均 4.06% 的速度减少。林地、建筑用地、旱地、其他用地均呈增加趋势，其中以其他用地 8.24% 的年变化度最大，其次是建筑用地，年平均增长率为 5.15%，旱地以 0.30% 的速度增长，林地以年平均 0.24% 的速度增长。根据刘纪远等人提出的动态划分体系，林地、旱地、水田和草地的变化属于极缓慢型，建筑用地和其他用地属于慢速变化型。

一般来说，K_2 大于 K_1，旱地的 K_2 与 K_1 之间的差值最大，林地与其他用地的差值较小。而水田、草地和建筑用地这三个土地利用类型的 K_2 与 K_1 的值基本保持一致，原因在于三者的转入与转出变化基本上是全转入或全转出。

对表 1−3 中的 P 值进行分析，2000—2017 年新街镇的林地、建筑用地、旱地、其他用地都呈"涨势"，朝着面积不断增大的方向发展。水田、草地则呈现“落势”，面积不断减小，并且水田、草地的 P 值等于 -1，说明这两种土地利用类型基本上不存在其他类型的转入，转入与转出呈现极不平衡的状态，导致它们的土地面积逐渐萎缩。而建筑用地的 P 值为 1，与水田和草地的情况相反，基本上只存在转入，没有转出，这在一定程度上是由建筑用地本身的特性决定的。林地、旱地、其他用地这三类的 P 值大于 0，表明该土地利用类型转入的面积大于转出的面积。

（2）综合土地利用动态度。

综合土地利用动态度是一段时间内研究区土地利用总体变化率的表达。R 值越大，表示这一期间该区域的土地利用受到人为的影响越大。

$$R=\frac{\sum_{i=1}^{n}\Delta S_{ij}}{2\sum_{i=1}^{n}\Delta S_{i}}\times\frac{1}{T}\times 100\% \tag{1-4}$$

式中，R 表示研究区域的土地利用年变化率；ΔS_{ij} 表示转换为其他类型区域的 i 类土地利用类型面积的绝对值；ΔS_i 表示第 i 类土地利用类型的初期面积；T 表示研究时间，单位为年。

根据综合动态度数学模型进行计算，2000—2005 年、2005—2011 年、2011—2017 年的 R 值分别为 0.18%、0.53%、0.19%。R 值大小与人类干扰程度成正比关系。2005—2011 年这一时期的 R 值是三个时间段中最大的，土地利用受人类的影响也最大，2005—2011 年的土地利用类型间的相互转化比较复杂，人为对土地利用方式进行更改的程度加大，该时期的土地利用方式、结构和数量都发生了相应的变化。

1.3.3 土地利用程度变化

1.3.3.1 综合程度指数模型

土地利用综合程度指数模型反映了土地本身的自然属性，也是人为因素与自然环境的综合作用。刘纪远等人结合生态学在土地利用方面的研究，构建了一种土地利用综合程度分析法。他们根据土地利用程度把土地分为 4 个级别：未利用级别、自然再生级别、再生利用级别和非再生利用级别。本研究采用的土地利用综合程度指数模型如下：

$$L_d = 100 \times \sum_{i=1}^{n} A_i \times C_i \tag{1-5}$$

式中，L_d 表示研究区土地利用综合程度指数，A_i 表示第 i 类土地利用类型的分级指数，C_i 表示第 i 类土地利用类型占研究区总面积的百分比。

某研究时间段内土地利用综合程度指数的表达式如下：

$$\Delta L_{b-a} = L_b - L_a = 100 \times \left(\sum_{i=1}^{n} A_i \times C_{ib} - \sum_{i=1}^{n} A_i \times C_{ia}\right) \tag{1-6}$$

土地利用程度变化率（R）的表达式如下：

$$R = \frac{L_b - L_a}{L_a} \times 100\% \tag{1-7}$$

当 $\Delta L_{b-a} > 0$ 或 $R > 0$ 时，表明该区域的土地利用处于开发期；反之亦然，表明处于调整期或衰退期。

参考刘纪远等人构建的土地利用类型分类表，根据新街镇土地利用分类系统，本研究将新街镇土地利用类型分为 4 个等级，每个土地利用类型匹配相应的评级指数（表 1—4）。

表 1-4　土地利用类型分级指数表

类型	未利用级	林草用地级	农业用地级	城镇用地级
土地利用类型	未利用地	林地、草地、水域	耕地、园地、其他农用地	居民点、工矿、特殊、交通用地
分级指数	1	2	3	4

1.3.3.2　综合程度指数分析

4 个时期的土地利用综合程度指数分析：2000 年的 L_d 值最小，为 230.87；2017 年的 L_d 值最大，为 232.45；土地利用综合程度指数值提升了 1.58。以 2000 年和 2017 年的 L_d 值计算，土地利用程度变化率值为 0.68（大于 0），该时期的土地利用处于发展期。

2005—2011 年的土地利用变化率为−0.03（小于 0），此期间的土地利用需要调整，处于调整期。2000—2005 年和 2011—2017 年两个时间段的土地利用变化率均大于 0，处于发展期。

1.3.4　土地利用转移矩阵和土地利用类型空间变化特征

1.3.4.1　土地利用转移矩阵

使用 ENVI 5.3 软件的动态监测“Change Detection Statistics”工具，对分类图像进行时间尺度上的动态差异分析，输出该时间段的土地利用变化转移矩阵（表 1-5），对各土地利用类型之间的面积转化进行分析。

表 1-5　2000—2005 年土地利用转移矩阵（单位：hm^2）

土地利用类型	水田	草地	林地	建筑用地	旱地	其他用地	2000 年小计	转出量
水田	3446.91	0.00	0.00	9.36	93.15	0.00	3549.42	102.51

续表1－5

土地利用类型	水田	草地	林地	建筑用地	旱地	其他用地	2000 年小计	转出量
草地	0.00	957.42	101.34	0.09	0.09	5.04	1063.98	106.56
林地	0.00	0.00	15411.24	18.45	0.00	3.33	15433.02	21.78
建筑用地	0.00	0.00	0.00	394.38	0.00	0.27	394.65	0.27
旱地	0.00	0.00	1.53	26.37	2866.32	9.36	2903.58	37.26
其他用地	0.00	0.00	0.36	0.63	0.00	26.91	27.90	0.99
2005 年小计	3446.91	957.42	15514.47	449.28	2959.56	44.91	—	—
转入量	0.00	0.00	103.23	54.90	93.24	18.00	—	—

研究区在 2000—2005 年以水田、草地的转出和林地、旱地的转入为主。转为旱地的水田面积为 93.15 hm^2，稻田面积减少。草地面积减少了 106.56 hm^2，主要涉及对林地和其他用地的转入。因为修建房屋和道路时对木材的砍伐，一些草地和其他用地通过自然生长和人为种植成为林地。大面积的草地转化为林地，使得林地的转入量大于转出量，其面积还在扩大，空间分布上发生了一定变化。建筑用地的转入量大于转出量，转出源于废弃房屋的拆除，此时间段的小村落逐渐向乡镇聚集扩大，在原有的建筑用地的基础上向外拓展，面积增加。旱地的转入量为 93.24 hm^2，其中以水田转入为主，源于农业种植模式的改变，转出为林地、建筑用地和其他用地的面积为 37.26 hm^2，转入主要是林地被开垦成旱梯田。其他用地的转入大于转出，主要是旱地和草地的转入，山顶的草地由于水土流失转化为其他用地，旱地转化为其他用地的部分是人为原因造成的。

研究区在 2005—2011 年的土地利用变化同样以水田、草地的转出和林地、旱地的转入为主。水田主要转出为旱地，其次为建筑用地，此时间段水田的变化面积为 174.42 hm^2。草地有

572.76 hm²转出为林地、旱地和其他用地，以林地和旱地为主；草地的转入来源于其他用地，转入 0.09 hm²。在该时间段共有 625.32 hm² 的草地和旱地转化成林地，林地的转出量为 21.78 hm²，大部分转出为建筑用地。建筑用地的转入量为 51.12 hm²，旅游用地规划是导致建筑用地面积增加的主要原因。共有 0.72 hm²的其他用地转出成为草地、林地、建筑用地和旱地。其转入以林地、旱地为主，其次是草地，见表 1−6。

表 1−6 2005—2011 年土地利用转移矩阵（单位：hm²）

土地利用类型	水田	草地	林地	建筑用地	旱地	其他用地	2005 年小计	转出量
水田	3272.49	0.00	0.00	11.61	162.81	0.00	3446.91	174.42
草地	0.00	384.66	544.86	0.00	27.45	0.45	957.42	572.76
林地	0.00	0.00	15492.69	21.06	0.00	0.72	15514.47	21.78
建筑用地	0.00	0.00	0.00	449.28	0.00	0.00	449.28	0.00
旱地	0.00	0.00	80.37	18.18	2859.03	1.98	2959.56	100.53
其他用地	0.00	0.09	0.09	0.27	0.27	44.19	44.91	0.72
2011 年小计	3272.49	384.75	16118.01	500.40	3049.56	47.34	—	—
转入量	0.00	0.09	625.32	51.12	190.53	3.15	—	—

2011—2017 年的土地利用变化主要是水田、林地和旱地三种类型的转出和建筑用地、旱地两种类型的转入（表 1−7）。水田主要转出为旱地 125.55 hm²，其次是建筑用地，使得水田的面积在不断减少。草地的转入量为 0.54 hm²，主要是从其他用地转化而来；草地转出主要涉及林地和其他用地。此时间段的林地转出主要是转化为建筑用地，共有 143.10 hm²；林地转入来自草地50.04 hm²、旱地 39.33 hm²和其他用地 0.09 hm²。建筑用地转出 0.45 hm²，转化为其他用地；建筑用地转入为 240.30 hm²，以林地、旱地的转入为主，其次是水田。旱地的转出量为

123.93 hm²，转出以建筑用地和林地为主，转入量为126.54 hm²，转入以水田为主，其次是草地，旱地的转入与转出相对平衡。其他用地的转出以建筑用地为主，其次是草地和林地，共转出1.80 hm²；转入来自草地、建筑用地和旱地，共转入21.42 hm²。

表1-7 2011—2017年土地利用转移矩阵（单位：hm²）

土地利用类型	水田	草地	林地	建筑用地	旱地	其他用地	2011年小计	转出量
水田	3119.13	0.00	0.00	27.81	125.55	0.00	3272.49	153.36
草地	0.00	329.13	50.04	1.98	0.99	2.61	384.75	55.62
林地	0.00	0.00	15974.91	143.10	0.00	0.00	16118.01	143.10
建筑用地	0.00	0.00	0.00	499.95	0.00	0.45	500.40	0.45
旱地	0.00	0.00	39.33	66.24	2925.63	18.36	3049.56	123.93
其他用地	0.00	0.54	0.09	1.17	0.00	45.54	47.34	1.80
2017年小计	3119.13	329.67	16064.37	740.25	3052.17	66.96	—	—
转入量	0.00	0.54	89.46	240.30	126.54	21.42	—	—

研究区在2000—2017年的土地利用变化以水田、草地、旱地的转出和林地、旱地、建筑用地的转入为主（表1-8）。17年间，水田转出为旱地369.45 hm²，其次是建筑用地，有细微部分转化为林地和其他用地。草地的转入量为0.27 hm²，来自旱地和其他用地；草地转出为林地695.16 hm²，转出为旱地27.81 hm²，其次转出为建筑用地、其他用地。林地主要转出为建筑用地，共181.53 hm²；林地的转入则是多种途径的，草地转入为林地的面积是695.16 hm²，旱地转入为林地的面积是117.09 hm²，再者分别是水田和其他用地。建筑用地的转出量仅为0.36 hm²，转出为其他用地；建筑用地的转入量为345.96 hm²，以林地和旱地转入为主，其次是水田、草地。建筑用地的转入面积远大于转出面积，使得建筑用地的面积不断增

加。旱地的转出量为 248.67 hm^2，转入量为 397.26 hm^2，旱地的转出以建筑用地和林地为主，其转入以水田为主，其次是草地。其他用地的转出以建筑用地为主，其次是草地和林地，共转出 1.35 hm^2；其他用地的转入主要来自草地和旱地，共转入 40.41 hm^2。

表 1-8　2000—2017 年土地利用转移矩阵（单位：hm^2）

土地利用类型	水田	草地	林地	建筑用地	旱地	其他用地	2000 年小计	转出量
水田	3119.13	0.00	3.78	56.88	369.45	0.18	3549.42	430.29
草地	0.00	329.40	695.16	3.78	27.81	7.83	1063.98	734.58
林地	0.00	0.00	15247.98	181.53	0.00	3.51	15433.02	185.04
建筑用地	0.00	0.00	0.00	394.29	0.00	0.36	394.65	0.36
旱地	0.00	0.18	117.09	102.87	2654.91	28.53	2903.58	248.67
其他用地	0.00	0.09	0.36	0.90	0.00	26.55	27.90	1.35
2017 年小计	3119.13	329.67	16064.37	740.25	3052.17	66.96	—	—
转入量	0.00	0.27	816.39	345.96	397.26	40.41	—	—

1.3.4.2　土地利用类型空间变化特征

将研究区 2000—2017 年的土地利用变化矩阵作为基础数据，研究区土地利用空间变异特征分析直接反映了过去 17 年土地利用的空间演变。使用 ArcGIS 10.2 软件的空间分析功能，提取了研究区 4 个时期不同迁移的土地利用变化类型和其空间变化图斑，输出 2000—2017 年研究区土地利用变化的空间分布图和各土地利用类型的空间变化分布图，对其空间变化特征进行分析。

研究区的土地利用变化主要集中在研究区的南边，各土地利用类型间的转化在整个研究区空间分布广泛且有规律。研究期间的这些变化大部分是由人为因素引起的，由于经济和城镇化的快速发展，对土地利用结构和数量的人为干扰导致土地利用方式变化，但自然环境因素也是存在的，比如雨水的冲刷、风化等。

(1) 水田迁移的空间特征。2000—2017年水田的土地利用变化在空间上的分布并不均匀，呈细小斑块状，主要集中在研究区的西边。该区域靠近新街镇，人口相对集中，使得该区域的人为干扰程度大，种植模式的改变使得水田向旱地转化。17年间，水田的转入不明显，转出主要是转化为旱地。水田转化为林地的过程是先转化为旱地，再转化为林地。水田转化为建筑用地是由于旅游开发、修建旅游基础设施，主要分布在公路两侧。

(2) 林地迁移的空间特征。从林地的空间变化分布图可以明确看出，林地的转出部分主要集中在与建筑用地相邻的部分，建筑用地的增加导致部分林地被征用。林地的转入部分在海拔较高的山顶区域，分布不均匀但位置较为集中，林地的转入以山坡草地的自然生长为主，包括旱地的人工种植成林。由于积极实行封山育林工程，林地的转出量并不大，并且转入量大于转出量。

(3) 建筑用地迁移的空间特征。建筑用地转入部分零星分布在整个研究区，是在原有的建筑用地的位置上不断向外拓展，建筑用地主要集中在新街镇，在其周边逐渐向外扩张，呈带状分布，聚集在公路沿线两侧，侧面反映出城镇化和社会经济的发展。建筑用地的转出基本没有，主要是因为建筑用地的使用年限较长，利用方式不会轻易改变。居住人口和旅游人数的增加，使得居民房屋、酒店以及相关设施的建筑用地面积不断增加。

(4) 旱地迁移的空间特征。旱地的转入量大于转出量，在原有的旱地集中区域不断向外扩张，主要是与旱地相邻的水田转化为旱地，呈块状分布，使得旱地的空间范围加大。旱地转化为林地的部分比较集中，其余转出部分零星分布，且面积均较小。研究区农业种植结构改变，种植的经济作物大多为旱生植物，使旱地面积增加。

（5）草地迁移的空间特征。草地的空间分布主要集中在研究区下方，转出部分比较集中。草地的转入零星分布，面积相对不大，整个研究期间草地的转入较少，主要位于研究区下方的一小块区域。草地的转入量明显大于转出量，使得草地的面积有所增加。

（6）其他用地迁移的空间特征。2000—2017 年其他用地的变化主要是在未改变的用地基础上向外辐射扩张，由于研究区的其他用地面积较小，转入量与转出量保持相对稳定，但在空间区域上变化明显，原来主要集中在下方，2017 年在研究区的右上角逐渐形成一个其他用地的聚集区。

1.4 景观格局变化研究

在自然因素和人为因素的共同作用下，景观格局的变化能够全面反映特定地区的生态环境。对景观格局变化的研究在景观生态学中起着重要作用。在土地利用的生态环境效应方面，景观生态学为土地利用在时间和空间上的变化提供了理论基础和技术支持，大大提高了土地利用变化研究的科学性和可行性。

景观生态学是进行土地利用变化格局特征研究的重要手段，其研究方法是定性描述和定量分析，定量分析中的景观格局指数是使用最广泛的方法。景观格局指数分为斑块水平指数、斑块类型指数和景观水平指数。斑块水平指数虽是其他景观指数计算的基础，但对于研究景观功能结构的整体性价值不大，所以本研究不会对斑块水平指数进行分析解释。根据研究区土地利用的特点和规律，从斑块类型指数和景观水平指数中选择 12 个指标来考察变化的特征，对研究区的景观变化进行分析。

1.4.1 景观指数的选取

本研究以新街镇2000年、2005年、2011年和2017年的土地利用分类数据为基础，根据土地分类二级标准和新街镇的土地利用特征，将新街镇的土地利用类型分为6类。根据景观指数本身所包含的意义和其所包含的生态学意义，从斑块类型指数和景观水平指数中，选取了以下具有代表性的景观指数。

(1) 斑块类型指数：斑块数量（NP）、斑块密度（PD）、边缘密度（ED）、最大斑块指数（LPI）、斑块形状指数（LSI）、平均斑块面积（AREA-MN）、周长-面积分维度（PAFRAC）、聚集度指数（AI）。

(2) 景观水平指数：斑块数量（NP）、斑块密度（PD）、边缘密度（ED）、最大斑块指数（LPI）、斑块形状指数（LSI）、平均斑块面积（AREA-MN）、周长-面积分维度（PAFRAC）、聚集度指数（AI）、散布与并列指数（IJI）、蔓延度指数（CONTAG）、香农多样性指数（SHDI）、香农均匀度指数（SHEI）。

1.4.2 景观格局指数的计算

本研究运用FRAGSTATES 4.2景观指标计算软件，分别将2000年、2005年、2011年、2017年研究区的土地利用栅格图导入，选择上述景观指数进行运算，得到相应的运算结果。

1.4.2.1 斑块类型指数分析

对选取的8个斑块类型指数进行运算，得到2000—2017年水田、旱地、林地、建筑用地、草地、其他用地6个土地利用类型的景观指数。

(1) 边缘密度（ED）分析。ED反映了土地利用的程度或景观边界的划分程度。ED 值越高，景观类型的连通性越好。2000—2017 年，研究区水田的 ED 呈下降趋势，变化最为明显（图 1-2）。林地的 ED 也呈下降趋势，说明林地间的连通性受到了干扰，连通性降低，但林地的 ED 是研究区 6 个土地利用类型中最大的，说明 6 个类型中，林地的连通性最好。旱地和建筑用地的 ED 都呈增加趋势，说明旱地和建筑用地的连通性在增强。草地的连通性在减弱，其他用地的连通性是最差的。

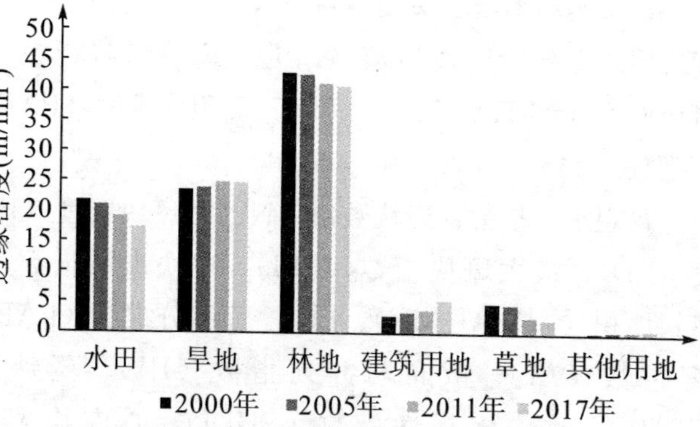

图 1-2　斑块类型指数中的边缘密度

（2）最大斑块指数（LPI）分析。景观生态学中 LPI 的重要性是指大斑块对景观的整体占据程度以及景观的主导地位，指数值越大，则景观优势越明显。研究区林地的优势度绝对明显，2000—2011 年 LPI 呈增加趋势，2011—2017 年 LPI 下降。水田和其他用地的 LPI 略有波动，但变化微弱，总体上无变化。2000—2017 年，旱地和草地的 LPI 均呈下降趋势，到 2017 年草地的 LPI 为 0.094。

（3）斑块形状指数（LSI）分析。LSI 在景观生态学中反映了斑块的规律性和边缘的复杂性。LSI 值越高，斑块的形状越复杂，其受到的干扰却越小。研究区旱地的 LSI 最大，说明旱地的形状是最复杂的。其次是水田和林地，水田和林地的 LSI 均呈下降趋势，表明水田和林地的形状正趋于简单化。2000—2017年草地的 LSI 也呈逐年下降的趋势（图 1-3），受人为和自然因素的干扰，草地的形状越来越简单。建筑用地和其他用地的 LSI 呈逐年增加的趋势，形状趋于复杂化。

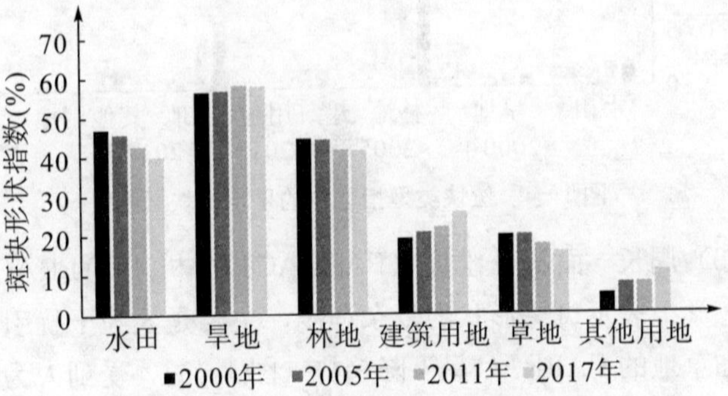

图 1-3　斑块类型指数中的斑块形状指数

（4）平均斑块面积（AREA-MN）分析。AREA-MN 的生态意义体现在景观的碎片化程度上，其值的变化可以更加丰富地表达景观的生态信息。2000—2017 年，研究区 AREA-MN 最大的是林地，林地面积逐年增加，表明林地破碎程度降低（图 1-4）。水田的 AREA-MN 也逐年增加，碎片化程度逐年下降，但变化不大。草地和其他用地的 AREA-MN 均呈逐年下降的趋势，其中草地在 2005—2011 年的变化最为明显，该时间段草地的破碎化程度明显上升。旱地和建筑用地整体变化不明显。

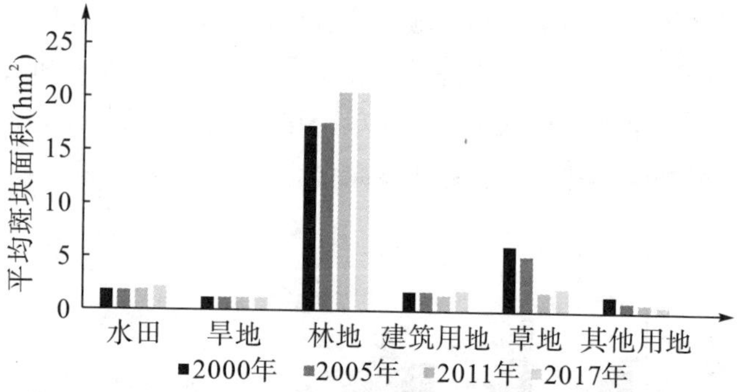

图 1-4　斑块类型指数中的平均斑块面积

（5）周长－面积分维度（PAFRAC）分析。PAFRAC 在景观生态学上表示斑块形状的复杂程度，主要是人为干扰引起的。水田和草地的 PAFRAC 呈下降趋势（图 1-5），受到人为干扰，使得水田和草地的斑块形状逐渐简单化。旱地和林地的变化较小，旱地呈下降趋势，林地动态变化中基本保持不变。建筑用地在 2005—2017 年呈先下降后上升的趋势，这期间受到严重的人为干扰，建筑用地的斑块形状先趋于简单然后复杂化。其他用地在 2000—2011 年变化较小，逐渐减小，到 2011—2017 年开始上升，斑块形状复杂化。

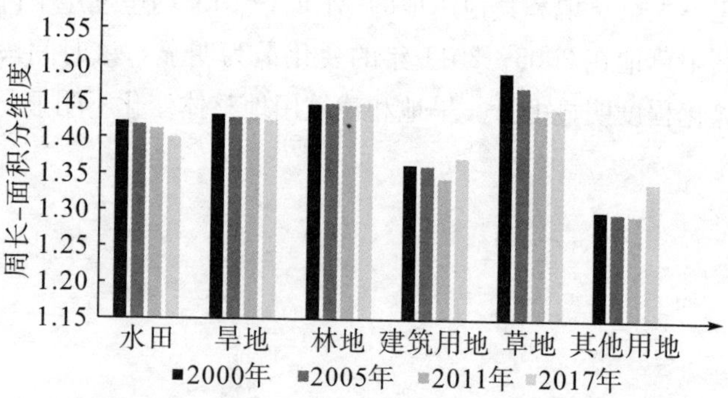

图 1-5　斑块类型指数中的周长－面积分维度

（6）聚集度指数（AI）分析。AI从生态学意义上讲用于表示景观或某种景观类型的聚集程度。研究区各个景观类型的聚集度都处于较好水平，其中林地的聚集度最好，其他用地的聚集度较差。旱地、林地、建筑用地的聚集度虽有波动，但变化不明显，保持稳定（图1-6）。水田的聚集度呈逐年增加的趋势，聚集程度增强。草地和其他用地的聚集度变化最为明显，草地呈现先减少后增加的趋势；而其他用地呈现逐年减少的趋势。总体上看，这两种景观类型的聚集程度都在减少，斑块之间的连通性不好。

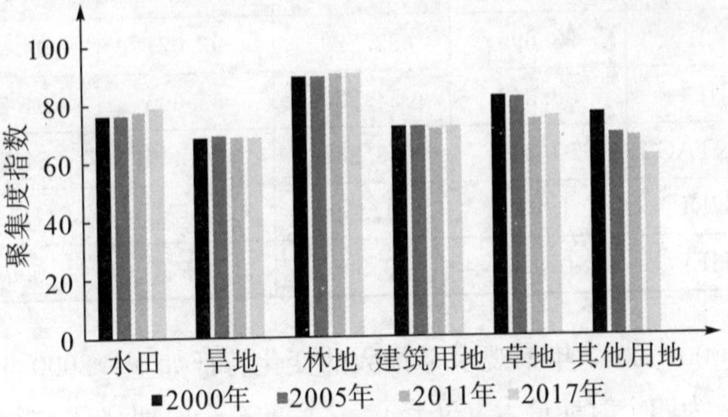

图1-6 斑块类型指数中的聚集度指数

1.4.2.2 景观水平指数分析

对选取的12个景观水平指数，分别计算2000年、2005年、2011年、2017年的斑块数量、斑块密度、边缘密度、最大斑块指数、斑块形状指数、平均斑块面积、周长-面积分维度、聚集度指数、散布与并列指数、蔓延度指数、香农多样性指数、香农均匀度指数，计算结果见表1-9。

表 1-9 研究区 2000-2017 年景观水平指数

	2000 年	2005 年	2011 年	2017 年
NP	5645	5639	5566	5305
PD	10.975	10.963	10.821	10.314
ED	49.402	49.171	47.196	46.816
LPI	28.478	28.505	29.814	29.649
LSI	29.010	28.879	27.760	27.544
AREA-MN	9.112	9.122	9.241	9.696
PAFRAC	1.413	1.410	1.404	1.401
AI	92.695	92.729	93.021	93.080
IJI	53.343	54.230	52.606	54.275
CONTAG	63.260	63.285	64.449	64.217
SHDI	1.160	1.159	1.125	1.134
SHEI	0.596	0.596	0.578	0.583

2000—2017 年景观水平指数的变化特征如下：2000 年的斑块数量为四个时期最大（5645），之后的三个时期都呈下降趋势。斑块密度减少 0.661，与斑块数量一样呈下降趋势，斑块数量和斑块密度两个景观水平指数的变化，表明研究区的整体景观破碎度呈下降趋势。边缘密度从 2000 年的 49.402 下降到 2017 年的 46.816，其中 2005—2011 年下降了 1.974。最大斑块指数先增加后减少，2011 年的最大斑块指数最大（29.814），从总体来看，研究区的景观优势度稍有增加。斑块形状指数呈现先减少后增加的趋势，表明人类活动的干扰程度在 2011 年这个阶段是最大的，景观形状趋于简单化，优势景观类型的面积增加，景观优势度增加。平均斑块面积增加，小斑块逐渐融入大斑块。周长-面积分维度变化较小，从 2000 年的 1.413 减少到 2017 年的

1.401，但也表明研究区的景观要素的复杂性在下降。聚集度指数呈现增加的趋势，变化不大，变化量为0.385，表明研究区的景观或某种景观类型的聚集程度有所增加。散布与并列指数表明每个斑块类型的总体散布与并列状况，研究区中斑块类型之间的散布与并列指数处于中等水平。蔓延度指数2011年最大(64.449)，景观的斑块连通性较好。香农多样性指数基本保持不变，其发展趋势倾向于减少，研究区的生物多样性有减少的趋势。香农均匀度指数也基本保持不变，同时倾向于逐年减小，表明景观中不同类型的分配程度趋于不均匀。

在研究区景观水平方面，大斑块的面积在增加，聚集度、优势度在增加，景观多样性在减少，景观异质性减少。这些变化与人类活动的干扰密不可分。

1.5 小结

(1) 从研究区的土地利用变化幅度来看，2000—2017年研究区的林地、旱地、水田和草地属于极缓慢变化型，建筑用地和其他用地属于慢速变化型。水田和草地的面积呈减少的趋势，建筑用地的面积呈快速增加的趋势。

(2) 从研究区的土地利用空间变化来看，水田的空间面积在收缩，而建筑用地不断向外扩张。林地的空间面积大，旱地是其他几种土地利用类型的中间转化站，这两种土地利用类型的空间位置变化也最明显，建筑用地面积的扩大主要来自林地和旱地。

(3) 研究区的整体景观破碎度呈下降趋势。LSI、SHDI、SHEI呈现先减少后增加的趋势，表明研究区的景观大斑块面积增加，景观聚集度增加，优势度增加，景观异质性减小。但研究区的景观多样性在减少，这种现象在2011年最为明显。

(4) 研究区的综合生态风险值在2017年最大，为0.1108。

研究区的 ERI 在 2000—2011 年平稳波动，在 2011—2017 年大幅度上升。对于不同的生态环境因子，其生态风险中占主导地位的土地利用类型不同。

2　元阳梯田稻田生态系统服务价值评价

2.1　研究概况

2.1.1　生态系统服务价值

从生态系统为人类服务的角度探索生态系统与人类之间的关系。不同生态系统服务价值评价方法较多，如不同生物资源的经济评价方法。美国学者 Costanza 等对全球生态系统服务价值进行估算，把生态系统服务划分为 17 种主要类型，估算 1994 年全球生态系统各项服务的价值约为 33 万亿美元，约为当年世界国民生产总值的 1.82 倍。从 20 世纪 80 年代初开始，国内学者从不同空间尺度对生态系统服务价值进行了评价，如中国陆地生态系统服务价值评价、中国自然草地生态系统服务价值评价、中国农田保持土壤价值评价。

1981 年，Ehrilich 首次提出“生态系统服务”，指出生物多样性的丧失会直接影响生态系统服务。1997 年，Daily 在 *Nature's Service* ：*Societal Dependence on Natural Ecosystem* 中提出，生态系统服务是指能够提供满足和维持人类生活需要的自然生态系统及其物种的条件和过程。Costanza 等指出生态系统服务组合了产品和服务，生态系统产品和服务指人类从生态系统服务中获得的收益，并将生态系统服务划分为 17 种类型，每种类型对应不同的生态系统服务价值。《千年生态系统评估报告》定义生态系统服务价值为“人类从生态系统中获得的效益”，全面地分析了以下问题：生态系统服务与人类利益之间的关系、变化的驱动因子、评价的尺度和评价方法；综合了 Costanza 的 17 种服务类型，将生态系统服务划分为 4 大类：调节、支持、提供和文化服务。美国斯坦福大学的“自然资产”研究项目组发明了“InVEST”模型，该模型综合研究生态系统服务的供给、需求与消费三方面的服务关系。

谢高地等认为生态系统服务是可以定性、定量描述和估算的，也能进行分类，如分为可再生的和不可再生的。生态系统服务与生态系统服务价值通常具有对应的关系。社会普遍将生态系统服务价值归结为三个方面：提供物质、维持生命系统和精神享受。张志强等不仅概括了生态系统服务的内涵与类型，还深入阐述了生态系统服务及自然资本的价值估算研究对建立“生态—环境—经济综合核算体系”的意义。

1991 年，国际环境问题科学委员会开展了生物多样性与生态系统服务价值关系、生态系统服务价值和经济价值估算方法的讨论，使生态系统服务及其价值估算的研究成为关注热点。这方面的研究对于制定生态环境保护政策，完善环境经济影响评价和实现可持续发展战略等，都具有重要的理论和现实意义。国外生态学家 Daily、Costanza 等相继发表了对生态系统服务价值内涵及理念、经济价值的估算方法，引起了生态系统服务价值研究的高潮。生态系统服务价值评价的目的是为决策者制定维护生态系统的相关政策提供依据，从而促进生态系统服务的可持续发展。生态系统服务价值内涵、社会经济发展与人类福利的关系、变化影响因子、评价尺度、评价方法、评价的过程分析及评价结果分析，成为全球生态系统服务价值研究的重点。我国主要研究了以下生态系统服务价值：①对陆地、森林、草地、农田和湿地生态系统展开了研究；②对每个省（自治区、直辖市）的森林、草地和农田开展了生态系统服务价值的估算；③估算除了应用生态系统类型和空间分布数据，还通过遥感手段获取评价对象的时空动态特征；④从对自然生态系统的研究上升到了对人工生态系统的研究。全面地研究估算我国生态系统服务价值，提高了公众的生态保护意识，为我国生态系统保护政策的制定与决策提供了理论依据。

对生态系统服务价值理论及评价的探索始于 20 世纪 20 年代。国外学者通过采用野生生物费用支出法、费用支出法、旅行费用法和条件价值法估算了野生生物的经济价值、野生生物和森林的经济价值、基于消费者剩余的游憩价值及森林的价值。Krutilla 在《美国经济评论》中提出了自然资源价值的概念，为自然资源服务价值评估奠定了基础。薛达元等对生物多样性经济价值类型和评价方法进行了研究，将生物多样性价值分为直接实物价值、直接非实物价值（服务价值）、生态服务间接价值和非使用类价值（包括存在价值、遗产价值和选择价值）。张志强等探讨了生态系统服务核算方法，并详细介绍了条件价值法的理论基础和应用。此后，有学者进一步探讨了生态系统服务价值评价的理论问题，认为生态系统服务价值的总和要大于各项生态系统中个体的服务价值之和；在生态系统服务价值评价过程中采用自上而下和自下而上两种工作方式及其整合模式，同时也对环境与生态系统服务空间价值进行了研究。生态系统服务价值研究受到人们的关注，并成为当前生态经济学研究的前沿课题。

2.1.2 生态系统服务价值评价方法

生态系统服务价值评价的主要方法包括直接市场法、替代市场法和模拟市场价值法。其中，直接市场法包括费用支出法、市场价值法、机会成本法、恢复和防护费用法、影子工程法和人力资本法等；替代市场法包括替代成本法、旅行费用法和享乐价格法等；模拟市场价值法主要指条件价值法等。目前常用的方法有条件价值法、市场价值法、替代成本法、影子工程法、旅行费用法、享乐价格法等。

2.1.2.1 条件价值法

条件价值法也叫作调查法，在生态系统服务价值评价中应用广泛。它通过一些模拟技术，假定某种商品存在并有市场交换价值，采用调查、询问、问卷、投标等方式获得这种商品的价值。条件价值法是“公共商品”价值评价的一种特有的重要方法，适用于缺乏实际市场价值商品的评价，能评价各种生态系统服务价值，如直接、间接利用价值和存在、选择价值。支付意愿代表一切商品价值，同时也是商品价值的唯一正当表达方式。商品价值等价于人们对该商品的支付意愿，而支付意愿等于实际支出和消费者剩余之和。商品的价值可以根据其市场价格资料来计算。理论和实践都证明，有类似替代品商品的消费者剩余很小，可用其价格直接表示商品的价值，而公共商品由于没有市场交换和价格，其支付意愿的两个部分都不能求出，因此，公共商品的价值无法通过市场交换和市场价格估算。条件价值法的优点：可以比较不同生态系统的同一项服务价值，综合评价特定生态系统的各项服务价值。缺点：出发点是价值量，主要反映人们对生态系统服务的支付意愿，使得评价结果存在较大的偏差。

2.1.2.2 市场价值法

市场价值法能定量地评价某种生态系统服务，然后通过这些服务的市场价格来估算其经济价值。在实际应用中，市场价值法主要有理论效果评价法和环境损失评价法。前者通过计算某种生态系统服务的定量值，如涵养地下水源的量和固定 CO_2 的量，来确定生态服务的“影子价格”；涵养地下水源的价格可参考水库工程的蓄水成本，固定 CO_2 的价格可参考 CO_2 的市场价格，再计算其总的经济价值。后者与环境效果评价法类似，在评价保护土壤的经济价值时，可以采用生态系统破坏造成的水土流失和生产力下降的损失来估算。市场价值法主要适用于可以货币化的产品价值的估算。这种方法的缺点是没有考虑生态系统及其产品的间接效益和无形交换的生态系统服务价值。市场价值法是计算稻田资源经济价值最直接的方法，但由于生态系统服务一般难以定量，因此其计算精度有待提高。

2.1.2.3 替代成本法

替代成本法通过估算替代品的消耗来代替某些环境服务的价值。通过采用某种技术手段来获得与生态系统服务相同的结果所需要的生产费用，如水土流失丧失的氮、磷、钾养分的效果可通过生产等量化肥的费用来估算。生态系统是一个庞大的系统，受到多种因素的影响，因此在选择替代品的时候，要先确定其选择标准和度量方法是否具有科学性。

2.1.2.4 影子工程法

影子工程法是指利用人工建造工程产生的费用来替代生态系统服务产生的价值，或者是生态系统的某一服务被破坏后，用人工建造工程的费用来替代原来的服务产生的价值。例如对于稻田生态系统的涵养地下水源服务，建造一个相同体积的水库所消耗的费用可以作为该生态系统涵养地下水源的服务价值。

2.1.2.5 旅行费用法

旅行费用法是指通过将消费者产生的交通费用和门票费用作为旅行费用，得出游憩商品的消费者剩余，将其作为自然生态系统产生的游憩价值，通常用来评价不具有市场价格的环境资源或者自然景点的价值。旅行费用法首次提出了用消费者剩余作为游憩商品价值的评价指标，然后计算自然生态系统产生的服务价值。

2.1.2.6 享乐价格法

享乐价格法是指评价会受到很多因素的影响，而评价对象的价值会随着这些因素的变化而变化，估算这些因素变化时评价对象产生的市场价值。比如在估算房子的市场价值时，其与房子本身的质量、当地公共设施的水平、距中心商业区的距离和周围环境等都有关系，通过估算周围环境的变化引起的房子价格的变化，可以判断房子周围环境的价格。

2.1.3 稻田生态系统服务价值

水稻是全球最重要的粮食作物之一，是人类主要的食物来源。稻田生态系统服务越来越受到国内外学者的关注。中国是全球最大的产稻国，稻米产量占全球总产量的 1/3。中国至少在距今一万年前就已经开始种植水稻。稻作历史和中国农耕文明的发展，使得水稻生产所产生的稻作文化成为中华文明的重要组成部分。稻田生态系统作为半自然的人工生态系统，不仅是农田生态系统的重要组成部分，还加入了大量的人为因素，以达到更好地为人类服务的目的。稻田同时也是湿地生态系统，约占农田总面积的 26%。中国每年粮食总产量的 36.7%由稻田的粮食产量提供。稻田还具有重要的生态服务价值，如气体调节、气候调节、涵养地下水源、土壤保持、蓄水防洪等。研究者对稻田生态系统各项服务价值已开展了大量的评价，如我国台湾地区稻田涵养地下水源的价值为 290 亿元/a，涵养地下水总量为 5.84×10^{9} m^3，上海五四农场稻田气体调节价值为 5467～12842 元/($hm^2\cdot a$)，湖南省稻田生态系统农用化学品污染造成的负面经济价值为0.29×10^8 元/a。

稻田生态系统具有开放性、目的性、高效性、脆弱性和依赖性，只有在连续不断的、有目的的、科学合理的人为干预下，稻田生态系统才能保持正常运行。肖玉等以上海五四农场稻田生态系统田间实验为基础，运用碳税法、造林成本法和工业制氧法对稻田生态系统气体调节服务价值进行了评价。结果表明，稻田生态系统 O_2释放价值量为6217~11837 元/(hm^2 · a)，稻田生态系统对温室气体调节价值量为 751～2098 元/(hm^2 · a)，气体调节服务的综合价值为 5467～12842 元/(hm^2 · a)。赵海珍等运用影子工程法、市场价值法和替代市场法等以拉萨河谷地区达孜区为例，对青稞农田生态系统生产农产品、固定 CO_2、释放 O_2、涵养水源、维持营养循环等服务价值进行了计算，得出达孜区青稞农田生态系统服务的农产品价值为 16937.38×10^4 元/a，固定 CO_2 价值为 7857.03×10^4 元/a，释放 O_2 价值为 10649.81×10^4 元/a，营养循环价值为 2475.23×10^4 元/a，涵养水源价值为 273.32×10^4元/a，各项服务的总价值为 38192.77×10^4元/a。

稻田生态系统除了给人类的生产和发展提供正的效益，也会给人类提供负的效益。稻田提供的正效益包括初级产品的价值、气体调节的价值、气候调节的价值、营养物质维持的价值、水调节的价值、环境净化的价值以及景观旅游的价值等。稻田提供的负效益包括温室气体的排放和稻田中 N、P、K 等元素的过多排放造成的面源污染等。

2.1.4 稻田生态系统服务价值的指标体系

2.1.4.1 稻田生态系统服务价值指标的选择原则

稻田生态系统是一个半人工半自然的生态系统，包括 5 个子系统：土壤、水体、气候、生物和社会经济。建立稻田生态系统的评价指标体系是为了定量反映系统服务价值，使得稻田发挥更大的价值，以便实现可持续发展。稻田生态系统同时受到自然规律的控制和人类社会经济的制约。评价指标涉及的学科较多，种类和项目也较多，目前没有统一的选择标准，所以要筛选出一部分能代表当地实际情况的指标作为评价指标。选择评价指标要遵循以下几个原则：等级性原则、整体性原则、代表性原则、可比性和规范性原则、简明性和可获得性原则以及定性与定量相结合的原则。

2.1.4.2 稻田生态系统服务价值指标体系的建立

考虑评估区特殊的地理和人文环境，稻田生态系统服务价值研究选择的指标包括三个大方面七个小项的服务价值，具体为经济价值（初级产品的提供）、生态价值（气体调节、气候调节、水调节、环境净化、维持生物多样性）、社会价值（景观旅游）。其中，初级产品的提供包括水稻秸秆和稻谷产生的价值，气体调节包括固定 CO_2、释放 O_2 和温室气体排放的价值，气候调节主要是降温效应，水调节指涵养地下水源的价值，环境净化主要指净化空气的价值。下面依次对以上七个部分的稻田生态系统服务进行介绍。

（1）初级产品的提供。

通常稻田最主要的服务是生产粮食，为农民带来直接的经济价值。元阳梯田种植了大面积的红米，红米比普通品种的大米对人体更有益。稻田除了产生粮食，产生的秸秆还能为某些工业提供原材料，如可造纸、可还田，也可做饲料。

（2）气体调节。

稻田的气体调节主要分为两部分：一是固碳释氧，二是温室气体排放。固碳释氧体现在水稻在生长期间能够吸收 CO_2 释放

O_2，调节大气中 CO_2 和 O_2 的平衡，所以这部分价值分成两部分计算，即固定 CO_2 的价值和释放 O_2 的价值，以造林成本法计算。稻田生态系统因为特殊的水分条件，还会排放温室气体，而温室气体的排放会极大地影响全球气候，造成全球气温上升，引起许多环境问题，所以其经济价值为负值。稻田温室气体主要包括 CH_4、N_2O 和 CO_2 等。为了方便估算温室气体排放的损失价值，可采用增温潜势（Global Warning Potentials，GWP，以 CO_2 的 GWP 为 1）方法，将相同质量的不同温室气体换算为等温效应的 CO_2。对于 100 年的时间尺度的气候变化，CH_4 和 N_2O 的 GWP 分别为 24.5 和 320，即 1 kg 的 CH_4 和 N_2O 所产生的温室效应分别相当于 24.5 kg 和 320 kg 的 CO_2 所产生的温室效应。稻田灌水期间需要保持一定的水层，水层将土层与大气的交流隔离，形成了有利于 CH_4 产生的厌氧环境。在浅水稻田生态系统中，水土界面的下层土壤为无氧区，在这个区域内，微生物将土壤及植物根系提供的有机质分解，产生 CH_3COOH、H_2 和 O_2，这些产物在甲烷细菌的作用下会生成 CH_4。

CH_4 的输送主要有 3 种途径：通过植株通气组织排放到大气中；形成含有 CH_4 的气泡，气泡上升到水面破裂而将 CH_4 排放到大气中；通过水体中的扩散作用而排入大气。

从光合作用方程式中能得出：植物每生产 162 g 干物质，可吸收固定 264 g CO_2，即植物每生产 1 g 干物质需要 1.63 g CO_2。根据稻田生态系统的生产力得到稻田每年固定 CO_2 的总量后，用造林成本的替代标准与其相乘，可计算出稻田生态系统固定 CO_2 的总价值。造林成本法，是指以干物质生产量来换算固定 CO_2 的总量，通过建造一定数量的林地来吸收同等数量的 CO_2，将建造这些林地的成本代替水稻吸收 CO_2 的服务价值。我国使用的造林成本是 260.90 元/(t_C)。从光合作用方程式中还可得出：植物每生产 162 g 干物质，同时释放 192 g O_2，即植物每生产 1 g 干物质同时释放 1.19 g O_2。采用造林成本法，以干物质生产量来换算释放 O_2 的总量，中国造林成本是 352.93 元/(t_{O_2})，最后可估算出释放 O_2 的服务价值。

稻田生态系统排放的 CO_2 来源于水稻植株的自养呼吸作用和稻田生态系统中土壤的呼吸作用。由于凋落物分解、根系分泌物及根际共生体和水稻植株参与等作用，稻田土壤呼吸作用增强，促使该系统排放的 CO_2 增加。我国学者研究表明，我国南方水稻 CH_4 的排放通量一般比北方要大，南方水稻 CH_4 的日平均排放通量为 0.334 kg/(hm^2 · d)。稻田淹水期 N_2O 的排放很少甚至没有，但是在泡田前和水稻成熟、稻田落干后的非淹水期内却有大量的 N_2O 排放，日平均排放通量为 0.056 kg/(hm^2 · d)。稻田生态系统中水稻植株排放 CO_2 的日平均排放通量为 272.04 kg/(hm^2 · d)，稻田生态系统中土壤排放 CO_2 的日平均排放通量为 102.35 kg/(hm^2 · d)。

(3) 气候调节。

稻田由于蒸发和蒸腾作用，对周边地区的气候具有一定程度的降温功效。气候调节价值采用替代成本法计算。替代成本法是指稻田生态系统中以 30.57 t 标准煤燃烧的热量来代替 1 hm^2 蒸发 50 min 的水量所消耗的热量进行估算，煤炭的价格为 750 元/t。

(4) 水调节。

作为自然界水文循环的一部分，稻田土壤与其他土地类型相比，具有较强的保水性和渗透性。稻田生态系统的水调节主要包括两部分：涵养地下水源和蓄水防洪。元阳梯田由于其自身特殊的空间结构，稻田全年有水。同时，元阳梯田呈阶梯状分布，不存在旱涝灾害。

(5) 环境净化。

稻田生态系统是一个具有湿地特性的半人工半自然的生态系

统，除了具有农田生态系统的一些特征，还具有湿地的一些服务，如环境净化服务等。环境净化主要包括两个方面的作用：净化空气质量和净化污水。研究表明，稻田生态系统吸收粉尘、SO_2、HF 和 NO_x 的年平均通量分别为 33.2 kg/(hm^2 · a)、45 kg/(hm^2 · a)、0.57 kg/(hm^2 · a) 和 33.3 kg/(hm^2 · a)。稻田生态系统吸收粉尘、SO_2、HF 和 NO_x 的成本分别为 0.17 元/kg、0.6 元/kg、0.9 元/kg 和 0.6 元/kg。

稻田灌溉水水质要达到国家规定的农用灌溉水标准，稻田生态系统才可以发挥其净化污水的作用，减少污染物的处理费用。稻田对于富营养化水体中凯氏氮的去除率为 29.0%～58.7%，TP 的去除率为 32.1%～49.1%，对于漫灌污水中 TN 的去除率可达到 84.0%。评估区稻田生态系统由于其独特的用水模式，灌溉用水都达到了国家灌溉用水标准，因此评估区稻田生态系统环境的净化价值主要表现在净化空气质量方面。

（6）维持生物多样性。

稻田生态系统为生物进化和生物多样性的维持提供了条件，采用当量因子法来估算。农田维持生物多样性的当量因子为 0.71，中国农田生态系统维持生物多样性单位面积价值量为 628.2 元/(hm^2 · a)。

（7）景观旅游。

稻田既是一种景观，也是城市生态系统中不可缺少的要素，同时稻田对于普及生态农业思想、耕地保护、贯彻基本国策都具有积极意义。当前提出的“休闲农业”包括人们亲自参与水稻生产的各个阶段，使稻田生态系统能够向人类提供物质生产价值、精神文明价值和旅游价值。元阳梯田需要关注的不仅仅是稻谷，还有稻田的生态问题。元阳梯田不单是一道壮丽的文化景观，还处处体现了传统生态智慧，是富含生命文化与农业生态系统的典范。

应保护元阳梯田以红米为主的种植资源和产品品牌，梯田生产的红米是实实在在的绿色产品，相比于普通大米其对人们的身体健康更有益处，同时保护元阳梯田良好的稻作可持续循环系统，有助于广大科技工作者研究可持续农业，这对我国乃至世界的粮食安全、食品安全和生态安全都具有重要价值。稻田生态系统形成的独特自然景观不仅可以提供休闲娱乐的场所，还可以传播农业文化知识和习俗。评估区稻田生态系统形成了独特的梯田景观，吸引了无数国内外游客前来旅游，为当地民众带来了可观的收入。

目前对陆生生态系统（如森林和草地）服务价值的研究较多，对稻田生态系统服务价值的研究较少。稻田生态系统服务价值研究的评价方法多种多样，使得研究结果存在偏差，比较起来不太准确。

本研究以云南省元阳梯田为研究区，在水稻一个生长周期内对稻田生态系统三个大方面七个小项服务价值进行评价，包括经济价值（初级产品的提供）、生态价值（气体调节、气候调节、水调节、环境净化、维持生物多样性）、社会价值（景观旅游），最后计算出稻田生态系统服务毛价值和净价值。稻田生态系统服务价值将为元阳梯田稻田生态系统的可持续发展、生态补偿等提供参考，为稻田管理决策提供科学的依据。

2.2 研究方法

2.2.1 研究区域

本研究选取元阳梯田坝达景区为评估区，计算稻田生态系统服务价值，面积为 14000 亩，主要种植水稻品种为当地传统水稻红阳 3 号。评估区包含 6 个村寨：水卜寨、土戈寨、全福庄、麻粟寨、主鲁、倮铺。从2015年5月开始，在元阳县新街镇通过对当地农户做问卷调查，得到统计报表，相关网站有云南省农业农村厅、云南农业信息网等。问卷调查的内容主要包括水稻品种、所用化肥类型、是否打农药、种植水稻面积和产量以及种田的成本（购买种子、化肥、请人工和其他）等。采用稻田生态系统服务价值评价方法，估算元阳梯田坝达景区的稻田生态系统服务价值。从稻田生态系统中初级产品的提供、气体调节、气候调节、水调节、环境净化、维持生物多样性和景观旅游等方面，对其经济价值、生态价值和社会价值进行评估。

2.2.2 评估区稻田生态系统服务价值估算方法

2.2.2.1 评估区稻田生态系统经济价值估算方法

经济价值估算采用市场价值法，公式为：

$$V_1 = T_{DG} \times P_{DG} + T_{JG} \times P_{JG} \tag{2-1}$$

式中，V_1表示稻田生态系统提供初级产品功能的价值，单位为元；T_{DG}表示评估区稻谷的产量，单位为t；P_{DG}表示评估区稻谷的市场价格，单位为元/t；T_{JG}表示评估区稻田秸秆的产量，单位为t；P_{JG}表示评估区稻田产生秸秆的市场价格，单位为元/t。

2.2.2.2 评估区稻田生态系统生态价值估算方法

（1）气体调节。

固定CO_2服务价值采用造林成本法，公式为：

$$V_{GT} = T_{SD} \times a \times b \times M_C \times C_{ZL} \tag{2-2}$$

式中，V_{GT}表示采用造林成本法估算固定CO_2服务价值，单位为元；a表示水稻经济系数（0.45～0.55），本研究取0.5；b表示稻田生态系统每生产1 g水稻干物质需要固定1.63 g CO_2；M_C

表示 CO_2 中 C 的含量为 27.27%；C_{ZL}表示中国造林成本 260.90 元/t_{CO_2}，单位为元/t。

释放 O_2服务价值也采用造林成本法，公式为：

$$V_{SY}=T_{SD}\times a\times c\times C_{ZLO} \tag{2-3}$$

式中，V_{SY}表示采用造林成本法估算释放 O_2服务价值，单位为元；c 表示稻田生态系统每生产 1 g 水稻干物质同时释放 1.19 g O_2；C_{ZLO}表示中国造林成本 352.93 元/t_{O_2}，单位为元/t。

固碳释氧的总价值公式为：

$$V_{21}=V_{GT}+V_{SY} \tag{2-4}$$

评估区稻田生态系统中 CH_4 排放量的计算公式为：

$$G_{CH_4}=A\times T_{SZ}\times g_1 \tag{2-5}$$

式中，G_{CH_4} 表示稻田生态系统中 CH_4 总的排放量，单位为 kg；A 表示评估区稻田的面积，单位为 hm^2；T_{SZ}表示稻田水稻的生长期，单位为 d，评估区水稻的生长期一般为 190d；g_1表示云南省稻田 CH_4的日平均排放通量，单位为 kg/(hm^2 · d)。

评估区稻田生态系统中 CO_2 排放量的计算公式为：

$$G_{CO_2}=A\times T_{SZ}\times (g_2+g_3) \tag{2-6}$$

式中，G_{CO_2} 表示稻田生态系统中 CO_2 总的排放量，单位为 kg；g_2表示云南省稻田生态系统中水稻 CO_2 的日平均排放通量，单位为 kg/(hm^2 · d)；g_3表示云南省稻田生态系统中土壤 CO_2 的日平均排放通量，单位为 kg/(hm^2 · d)。

这里将稻田生态系统中的 CH_4 和 CO_2 排放量折算成总的 CO_2 排放量，接着采用造林成本法进行估算，公式为：

$$G_{T_{CO_2}}=(G_{CO_2}+d\times G_{CH_4})\times 10^{-3} \tag{2-7}$$

式中，$G_{T_{CO_2}}$ 表示将稻田生态系统中的 CH_4 和 CO_2 排放量折算成总的 CO_2 排放量，单位为 t；d 表示 CH_4 折算为 CO_2 的系数，即 1 kg CH_4 产生的温室效应相当于 24.5 kg CO_2 产生的温室效应。

稻田生态系统温室气体排放的总价值估算采用造林成本法，公式为：

$$V_{22}=G_{T_{CO_2}}\times M_C\times C_{ZL} \quad (2-8)$$

式中，V_{22}表示采用造林成本法估算稻田生态系统温室气体排放的总价值，单位为元。

气体调节的总价值公式为：

$$V_2=V_{21}-V_{22} \quad (2-9)$$

（2）气候调节。

稻田生态系统蒸发量计算公式为：

$$Q_t=E\times T_n \quad (2-10)$$

式中，Q_t表示总的降温效应，单位为 mm；E 表示稻田日平均水分蒸发量，单位为 mm/d；T_n表示夏季炎热时的持续天数，单位为 d。

稻田生态系统调节气候价值估算公式为：

$$V_3=Q_t\times A\times e\times P \quad (2-11)$$

式中，V_3表示稻田生态系统调节气温价值，单位为元；e 表示稻田生态系统中 1 hm^2蒸发 50 min 的水量所消耗的热量以 30.57 t 标准煤燃烧的热量来替代，单位为 t；P 表示煤炭的价格，单位为元/t。

（3）水调节。

水调节价值估算采用入渗水量乘以农业用水市场价格，公式为：

$$V_4=f\times A\times P_W\times T_{YS} \quad (2-12)$$

式中，V_4表示稻田生态系统涵养地下水源价值，单位为元；f 表示稻田土壤日水分入渗率，单位为 mm/d；P_W表示农业用水的市场价格，单位为元/m^3；T_{YS}表示水稻淹水生育期天数。

（4）环境净化。

稻田生态系统净化空气质量价值估算公式为：

$$V_5 = (Q_f \times P_f + Q_s \times P_s + Q_h \times P_h + Q_n \times P_n) \times A \tag{2-13}$$

式中，V_5表示年稻田生态系统净化空气质量的价值，单位为元/a；Q_f表示稻田生态系统吸收粉尘的平均通量，单位为 kg/(hm² · a)；P_f表示稻田生态系统吸收粉尘的成本，单位为元/kg；Q_s表示稻田生态系统吸收 SO_2的平均通量，单位为 kg/(hm² · a)；P_s表示稻田生态系统净化 SO_2的成本，单位为元/kg；Q_h表示稻田生态系统吸收 HF 的平均通量，单位为 kg/(hm² · a)；P_h表示稻田生态系统净化 HF 的成本，单位为元/kg；Q_n表示稻田生态系统吸收 NO_x的平均通量，单位为 kg/(hm² · a)；P_n表示稻田生态系统净化 NO_x 的成本，单位为元/kg。

（5）维持生物多样性。

稻田生态系统为生物进化和生物多样性的维持提供了条件，采用当量因子法估算出农田维持生物多样性的当量因子为 0.71，中国农田生态系统维持生物多样性单位面积价值量为 628.2 元/(hm² · a)。稻田生态系统维持生物多样性价值估算公式为：

$$V_6 = P_{WC} \times A \tag{2-14}$$

式中，V_6表示年稻田生态系统维持生物多样性的价值，单位为元/a；P_{WC}表示稻田生态系统维持生物多样性的单位面积价值量，单位为元/(hm² · a)。

2.2.2.3 评估区稻田生态系统社会价值估算方法

稻田生态系统社会价值由以下公式进行计算：

$$V_7 = P_{JG} \times A \tag{2-15}$$

式中，V_7表示年稻田生态系统景观旅游的价值，单位为元/a；P_{JG}表示稻田生态系统景观旅游单位面积价值量，单位为元/(hm² · a)。

2.3　结果与分析

2.3.1　评估区稻田生态系统特征

通过调查，确定评估区面积为 14000 亩，评估区稻田生态系统与一般的稻田生态系统不同，这里全年泡水，施加少量的化肥和农药，是一个特殊的持续稳定的稻田生态系统，同时，评估区稻田主要作为景观观赏。通过对评估区农户的走访调研，共完成了 140 份问卷，剔除无效问卷 2 份，获得有效问卷 138 份，问卷的有效率为 98.57%。评估区水稻的品种有红阳 3 号、小红谷、建水红谷、黄壳糯和禾丰优 177。

红阳 3 号占 94.20%，小红谷占 2.17%，建水红谷占 0.73%，黄壳糯占 0.73%，禾丰优 177 占 2.17%，当地主要水稻种植品种为红阳 3 号。在水稻种植中选择施用化肥的农户占 80.15%，施用农家肥的占 10.35%，两者都施用的占 9.5%，施用的化肥主要是普钙和尿素。农户水稻遭受虫害的占 90.45%，其中有 96.56%选择打农药，主要农药品牌是稻虱净、敌敌畏、吡虫啉和杀虫双，其余 3.44%的农户没有选择打农药。红阳 3 号的产量是 4980 kg/(hm^2・a)，小红谷的产量是 5805 kg/(hm^2・a)，建水红谷的产量是 5547 kg/(hm^2・a)，黄壳糯的产量是 3750 kg/(hm^2・a)，禾丰优 177 的产量是 10830 kg/(hm^2・a)。红阳 3 号的市场价格是6 元/kg，小红谷的市场价格是 3 元/kg，建水红谷的市场价格是 3.5 元/kg，黄壳糯的市场价格是 4.6 元/kg，禾丰优 177 的市场价格是 2.6 元/kg，红阳 3 号的市场价格最高。对于秸秆的处理方式，89.25%的农户选择放在田里，10.75%的农户选择背回家里。种植水稻的投入成本包括化肥、农药、人工（整田、栽秧、拔苗等）等，约为 1.232 万元/

$(hm^2 \cdot a)$。

2.3.2 评估区稻田生态系统服务价值构成因素分析

2.3.2.1 经济价值分析

元阳梯田稻田生态系统提供的初级产品主要是稻谷和秸秆。通过调查，稻谷和秸秆的产量比例为1∶1。评估区稻谷的产量和市场价格分别为0.46万t/a和6000元/t，稻谷提供的价值为两者乘积，是2760万元/a。评估区秸秆和产量和市场价格分别为0.46万t/a和80元/t，秸秆提供的价值是36.8万元/a。可以看出，稻谷提供的价值远远高于秸秆提供的价值，初级产品提供的价值以稻谷为主。

2.3.2.2 生态价值分析

（1）气体调节价值。

元阳梯田稻田生态系统的气体调节价值主要体现在两个方面：一是固定CO_2、释放O_2，二是温室气体排放。采用造林成本法估算固定CO_2的服务价值，水稻产量为0.46万t，水稻经济系数取0.5，稻田生态系统每生产1 g水稻干物质需要固定1.63 g CO_2，CO_2中C的含量为27.27%，中国造林成本为260.90元/t_C，则固定CO_2的服务价值为26.67万元/a。采用造林成本法估算释放O_2的服务价值，稻田生态系统每产生1 g水稻干物质释放1.19 g O_2，中国造林成本为352.93元/t_{O_2}，则释放氧气的服务价值为96.60万元/a。固定CO_2、释放O_2的总价值是两者之和，为123.27万元/a。评估区稻田生态系统释放O_2的价值大于固定CO_2的价值。

评估区排放的温室气体主要包括CH_4和CO_2两部分。先计算出稻田生态系统排放的CH_4和CO_2的量，评估区稻田面积为

933.33 hm^2，水稻的生长期为 190 d，云南省稻田 CH_4 的日平均排放通量为 0.334 kg/(hm^2 · d)，则稻田生态系统 CH_4 的排放量为 59229.12 kg。同理，云南省稻田生态系统中水稻 CO_2 的日平均排放通量为 272.04 kg/(hm^2 · d)，云南省稻田生态系统中土壤 CO_2 的日平均排放通量为 102.35 kg/(hm^2 · d)，则稻田生态系统 CO_2 的排放量为 66391589.6 kg。然后把稻田生态系统中排放的 CH_4 和 CO_2 折算成总的 CO_2 排放量，1 kg CH_4 所产生的温室效应相当于 24.5 kg CO_2 所产生的温室效应，则稻田生态系统中 CH_4 和 CO_2 排放量折算成总的 CO_2 排放量为 67842.7 万 t。再采用造林成本法估算出评估区稻田生态系统温室气体排放的价值为 482.38 万元。因此，评估区气体调节总价值为固定 CO_2、释放 O_2 价值和温室气体排放价值的和。温室气体排放的价值为负，其价值量远远大于固定 CO_2、释放 O_2 的价值，气体调节总价值为−359.11 万元。对于稻田生态系统产生的这部分负价值，今后要关注其变化，尽量减少其带来的危害。

（2）气候调节价值。

元阳梯田稻田生态系统的气候调节主要体现在对周边地区有一定程度的降温效应，采用替代成本法估算。稻田日平均蒸发量为 3.83 mm/d，夏季炎热时的持续天数为 45 d，则总的降温效应为 172.31 mm。评估区面积为 933.33 hm^2，稻田生态系统中 1 hm^2 蒸发 50 min 的水量所消耗的热量以 30.57 t 标准煤燃烧的热量来替代，为 0.61 t，煤炭的价格为 750 元/t，则评估区稻田生态系统气候调节价值为 7374.5 万元/a。

（3）水调节价值。

元阳梯田稻田生态系统的水调节主要是指涵养地下水源。这部分价值采用入渗水量乘以农业用水市场价格估算，稻田土壤水分日入渗率为 0.0615 mm/d，评估区面积为 933.33 hm^2，农业用水市场价格为 0.99 元/m^3，水稻淹水生育期天数为 190 d，则评估区稻田生态系统水调节价值为 10797 万元/a。

（4）环境净化价值。

元阳梯田稻田生态系统由于其独特的用水模式，灌溉用水都达到了国家灌溉用水标准，所以评估区稻田生态系统环境净化价值主要表现在净化空气质量方面。评估区面积为 933.33 hm^2，稻田生态系统吸收粉尘的平均通量为 33.2 kg/(hm^2 · a)，稻田生态系统吸收粉尘的成本为 0.17 元/kg，则稻田生态系统净化粉尘的价值为 0.53 万元/a。同理，稻田生态系统吸收 SO_2 的平均通量为 45 kg/(hm^2 · a)，稻田生态系统吸收粉尘的成本为 0.6 元/kg，则稻田生态系统净化 SO_2 的价值为 2.52 万元/a。稻田生态系统吸收 HF 的平均通量为 0.57 kg/(hm^2 · a)，稻田生态系统吸收 HF 的成本为 0.9 元/kg，则稻田生态系统净化 HF 的价值为 0.05 万元。稻田生态系统吸收 NO_x 的平均通量为 33.3 kg/(hm^2 · a)，稻田生态系统吸收 NO_x 的成本为 0.6 元/kg，则稻田生态系统净化 NO_x 的价值为 1.86 万元/a。评估区稻田生态系统环境净化价值为 4.96 万元，其中，各部分所占的比例见图 2-1。

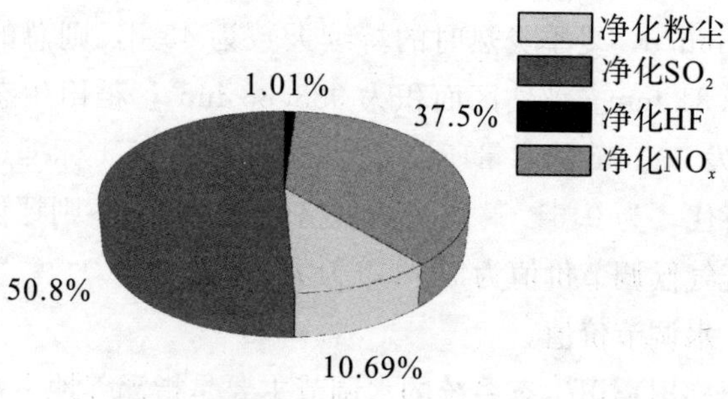

图 2-1　环境净化价值各部分所占比例

稻田生态系统 SO_2 的净化量最大，占 50.8%；其次是 NO_x，占 37.5%；HF 的净化量占 1.01%。稻田生态系统对粉尘、

SO_2、HF和NO_x具有一定的净化作用，有助于提升周边地区的空气质量。

（5）维持生物多样性价值。

元阳梯田稻田生态系统为生物进化和生物多样性的维持提供了条件，采用当量因子法估算，稻田维持生物多样性的当量因子为0.71，稻田生态系统维持生物多样性的单位面积价值量为628.2元/(hm^2·a)，则评估区维持生物多样性价值为58.63万元/a。稻田生态系统能够维持生物多样性，这增加了生物多样性研究的范围。

2.3.2.3　社会价值分析

元阳梯田稻田生态系统形成了独特的梯田景观，吸引了无数国内外游客前来旅游，同时也为当地民众带来了可观的收入。评估区面积为933.33 hm^2，景观旅游单位面积价值量为6000元/(hm^2·a)，所以评估区稻田生态系统景观旅游的价值为560万元/a。元阳梯田在景观旅游方面还具有很大的潜在优势，值得深刻挖掘，发挥其天然的地理优势和当地传统文化的作用，吸引更多游客。

2.3.3　评估区稻田生态系统服务价值分析

2.3.3.1　评估区稻田生态系统服务毛价值

通过以上结果可以算出评估区稻田生态系统服务毛价值，见表2-1。

表2-1　评估区稻田生态系统服务毛价值

评估区稻田生态系统各个服务	价值/万元
初级产品提供价值 V_1	2796.80

续表2-1

评估区稻田生态系统各个服务	价值/万元
气体调节负价值 V_2	359.11
气候调节价值 V_3	7374.50
水调节价值 V_4	10797.00
环境净化价值 V_5	4.96
维持生物多样性价值 V_6	58.63
景观旅游价值 V_7	560.00
合计	21232.78

评估区稻田生态系统服务毛价值为21232.78万元/a，其中，经济价值为2796.8万元/a，生态价值为17875.98万元/a，社会价值为560万元/a，生态价值大于经济价值和社会价值。生态价值各部分所占的比例见图2-2。

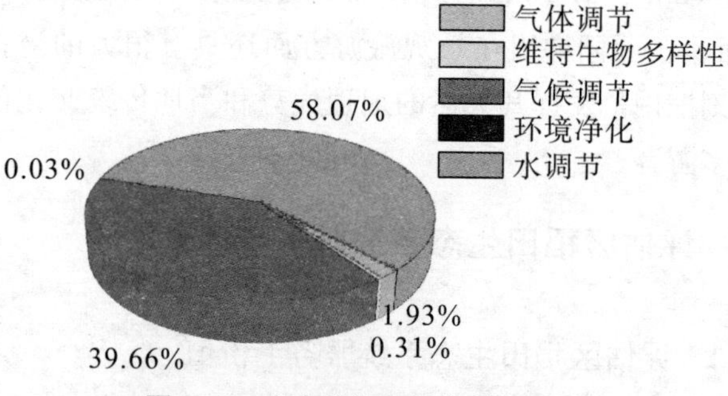

图2-2　生态价值各部分所占比例

生态价值中水调节价值最大，占58.09%；其次是气候调节，占39.68%；维持生物多样性和环境净化作用不明显，分别占0.32%和0.03%。

2.3.3.2 投入成本分析

元阳梯田稻田生态系统中水稻的生产和管理要耗费财力，需要成本投入，其中包含购买水稻生产资料、农业生产雇工、耕作费用等。评估区投入成本的价值以每户稻田生产支出来进行估算，稻田生产支出为2638元/户，评估区人口有4359户，所以评估区稻田生态系统的投入成本是1149.90万元/a。

2.3.3.3 评估区稻田生态系统服务净价值

评估区稻田生态系统服务的投入成本为1149.90万元/a，毛价值为21232.78万元/a，两者之差即评估区稻田生态系统服务净价值，为20082.88万元/a。

2.4 评估区稻田生态系统服务价值影响因子敏感性分析

2.4.1 经济价值的敏感性分析

以上算出的元阳梯田稻田生态系统服务价值作为不确定因素不产生变化情况下的数值，围绕初级产品、气体调节、气候调节、水调节、环境净化、维持生物多样性、景观旅游和投入成本8项指标对评估区稻田生态系统服务价值影响程度进行分析。当每一个影响因子在一定范围内发生变化，而其他因子不发生变化时，对评估区稻田生态系统服务净价值的影响进行分析。对评估区稻田生态系统中初级产品提供价值按照±10%和±5%的幅度变动，其他影响因子保持不变，计算出评估区稻田生态系统服务净价值和稻田生态系统价值敏感度系数。初级产品提供对评估区稻田生态系统服务价值的敏感度系数是±0.7%和±1.4%。

2.4.2 生态价值的敏感性分析

2.4.2.1 气体调节价值的敏感性分析

对评估区稻田生态系统中气体调节价值按照±10%和±5%的幅度变动，其他影响因子保持不变，计算出评估区稻田生态系统服务的净价值和稻田生态系统价值敏感度系数。气体调节对评估区稻田生态系统服务价值敏感度系数是±0.1%和±0.2%。

2.4.2.2 气候调节价值的敏感性分析

对评估区稻田生态系统中气候调节价值按照±10%和±5%的幅度变动，其他影响因子保持不变，计算出评估区稻田生态系统服务的净价值和稻田生态系统价值敏感度系数。气候调节对评估区稻田生态系统服务价值敏感度系数是±1.8%和±3.7%。

2.4.2.3 水调节价值的敏感性分析

对评估区稻田生态系统中水调节价值按照±10%和±5%的幅度变动，其他影响因子保持不变，计算出评估区稻田生态系统服务的净价值和稻田生态系统价值敏感度系数。水调节对评估区稻田生态系统服务价值敏感度系数是±2.7%和±5.4%。

2.4.2.4 环境净化价值的敏感性分析

对评估区稻田生态系统中环境净化价值按照±10%和±5%的幅度变动，其他影响因子保持不变，计算出评估区稻田生态系统服务的净价值和稻田生态系统价值敏感度系数。环境净化对评估区稻田生态系统服务价值敏感度系数是0。

2.4.2.5 维持生物多样性价值的敏感性分析

对评估区稻田生态系统中维持生物多样性价值按照±10%和±5%的幅度变动，其他影响因子保持不变，计算出评估区稻田生态系统服务的净价值和稻田生态系统价值敏感度系数。维持生物多样性对评估区稻田生态系统服务价值敏感度系数是±0.01%和±0.03%。

对评估区稻田生态系统服务价值敏感度系数最大的是水调节因子，其敏感度系数为5.4%；其次是气候调节因子，其敏感度系数为3.7%；气体调节因子排第三，其敏感度系数为0.2%；维持生物多样性因子排第四，其敏感度系数为0.03%；环境净化因子影响最小，其敏感度系数为0。

2.4.3 社会价值的敏感性分析

对评估区稻田生态系统中景观旅游价值按照±10%和±5%的幅度变动，其他影响因子保持不变，计算出评估区稻田生态系统服务的净价值和稻田生态系统价值敏感度系数。景观旅游对评估区稻田生态系统服务价值敏感度系数是±0.1%和±0.3%。

2.4.4 投入成本价值的敏感性分析

对评估区稻田生态系统中投入成本价值按照±10%和±5%的幅度变动，其他影响因子保持不变，计算出评估区稻田生态系统服务的净价值和稻田生态系统价值敏感度系数。投入成本对评估区稻田生态系统服务价值敏感度系数是±0.3%和±0.6%。

2.5 讨论

随着农业多功能性概念的普及，农业的生态效益和社会效益受到广泛关注，逐渐成为近年来的研究热点。湿地农业的兴起，更是将生态效益推到了研究高潮。稻田作为人工湿地类型之一，其生态价值不容忽视。

本章以元阳梯田坝达为例，主要调查稻田的初级产品提供、气体调节、气候调节、水调节、环境净化、维持生物多样性、景观旅游等生态系统服务价值。由于是在野外调查，空间广泛，其他影响因素不好把握，因此本研究只进行了一些初步的估算探讨，有些问题尚待在未来工作中考虑和探究。

(1) 通过问卷调查，农户们表示，种植水稻的投入成本比较高，其中主要是人工费比较高，这主要是因为元阳梯田本身的自然特性。元阳梯田是一个特殊的持续稳定的稻田生态系统，由于发展梯田景观的需要，在垂直海拔差有 400m 的梯田里也种植了大量的水稻。而当地长久以来形成的森林—村寨—梯田—江河区位模式，使得梯田离村寨很远，这无疑增加了农户拔苗、栽秧、收割、运输等人工费，有的农户基本不能从中获利，甚至还有所亏损，尤其是种植传统红米，产量比较低。随着近几年水稻种植环境的变化，水稻相比往年有减产的趋势。政府应给予专业的技术指导，帮助农户解决水稻种植过程中的相关问题。投入成本相比于初级产品提供、气体调节、气候调节等 7 项评估区稻田生态系统服务价值要高。

(2) 种植的传统红米产量不高，仅有 4978 kg/hm^2，而杂交稻可以达到 10825 kg/hm^2，相比于其他水稻品种的市场价格，红米为 6 元/kg，是杂交稻市场价格的两倍，初级产品提供这部分的价值还是比较高。同时，红米也是元阳梯田目前主打的品牌产品之一，值得传承和继续发展下去。

(3) 水调节价值是所选的 7 项评估区稻田生态系统服务价值中最高的，稻田生态系统的水调节价值是比较显著的，能够起到涵养地下水源的作用，这一点与其他普通稻田生态系统一样。四胡地区水调节价值还考虑了蓄水防洪的价值，2011 年此项服务的价值达到了 4.3×10^{9} 元。考虑到元阳梯田没有发生过旱涝灾害，水调节价值并没有包含这部分价值，所以实际上水调节价值更高。

梯田周边的森林蓄水会源源不断地从上流下来，保证梯田全年有水，不会干旱，这表明稻田生态系统对周边地区有很大的降温效应，促进了水气循环。陈清华采用影子工程法计算，得出 2011 年四湖地区水稻降温增湿的价值为 8.6×10^{8} 元，相当于节省了 1.5×10^{5} kW电。

（4）元阳梯田稻田生态系统提供的经济、生态和社会价值是比较可观的，其中生态价值最大。这与谢宁宁对武汉市郊 2006 年稻田生态系统服务价值的研究一致，即间接经济价值远大于直接经济价值。

（5）在对初级产品提供、气体调节、气候调节、水调节、环境净化、维持生物多样性、景观旅游和投入成本因子进行分析时，做相同幅度的变化，评估区稻田生态系统服务净价值变化率最大的是水调节因子，其敏感度系数为 5.4%，剩下的因子按产生的影响从大到小依次是气候调节因子、初级产品提供因子、投入成本因子、景观旅游因子、气体调节因子、维持生物多样性因子和环境净化因子。元阳梯田的整个灌溉系统都是纯自然的，不需要从别处引水过来，化肥和农药施用量少，沟渠水作为灌溉用水都达到了国家农业灌溉用水标准，不存在水体污染等问题，所以环境净化价值影响最小。

（6）作为世界非物质文化遗产的元阳梯田，每年都吸引了大批游客前来旅游度假，这里气候宜人，风景优美，少数民族文化氛围浓厚，其梯田景观更是壮阔，尤其是每年 1 月至 3 月，在水稻收割完以后，田里蓄满了水，阳光洒在田面，可以拍摄出独特的景致，所以其景观旅游价值所占比例也较大，应该保护好这种景观优势。同时，通过大力发展旅游业和保持传统的梯田景观，当地农户也获得了一些额外的收入。

（7）本研究所选择的稻田生态系统服务指标是根据当地环境条件确定的，初级产品提供、气体调节、气候调节、水调节、环境净化、维持生物多样性、景观旅游这 7 项服务只是稻田生态系统众多服务中的一部分，其他比如蓄水防洪、物质循环和转化等由于对当地影响不大而没有涉及。同时，本研究只选择了水稻生育期，而水稻收割以后到育苗这段时间并没有包括在研究时间段内。因此，估算出的评估区稻田生态系统服务价值少于其真实价值。

（8）在估算评估区稻田生态系统服务价值时，选择的估算方法大部分符合实际，比如市场价值法、替代成本法、当量因子法等。有些数据的时效性很短，短期内会有较大的波动，受其他各种因素影响较大，所以很容易产生误差，使得估算的结果偏离准确值。

2.6 小结

通过实地调查、访谈和针对当地农户的问卷调查，收集到了估算评估区稻田生态系统服务价值的资料，采用了市场价值法、替代成本法、当量因子法等方法来进行各个服务价值的估算，结果表明：

（1）通过 2015 年评估区稻田生态系统服务的毛价值和净价值，可以看出稻田生态系统产生的经济、生态和社会价值效益显著，其中，生态价值最高。

（2）评估区稻田生态系统服务的毛价值和净价值分别为 21232.78 万元和 20082.88 万元，评估区稻田生态系统产生的生态价值达到 17875.98 万元，远远高于其他两项的价值。稻田生态系统服务价值构成因素有初级产品提供、气体调节、气候调节、水调节、环境净化、维持生物多样性和景观旅游。

（3）稻田生态系统服务净价值变化率最大的是水调节因子，其敏感度系数为5.4%，而环境净化因子影响最小，其敏感度系数为0。

总之，稻田生态系统服务价值研究意义重大，可以为农田土地利用和生态补偿提供科学依据，对生态价值的研究将成为该研究领域的重要内容。

3 元阳梯田森林生态系统服务价值评价

3.1 研究概况

3.1.1 森林生态系统服务价值

20 世纪 40 年代，国外就开始了森林生态系统服务价值评价的研究。20 世纪末，Constanza 等提出比较系统的生态系统服务功能指标，推动了森林生态系统服务价值评价研究。2010 年，我国学者采用《森林生态系统服务功能研究规范》（LY/T 1721—2008）的方法对我国森林生态系统服务价值进行了研究。

在生态系统服务测算的过程中，可以根据某项指标价值的载体是否为市场，来选择相应的测算方法。市场法适合用来计算虽然没有市场交换，但存在市场价值的生态服务功能项，其经济价值可通过市场价格来确定。辛琨在森林生态系统服务价值评价的实践中，将市场法分为两种计算方法：一种是计算森林生态系统服务价值的市场定量值，来确定该项服务的价值；另一种是假设森林生态系统的某一项服务缺失，恢复该项服务将要付出的代价。陈应发提出可以从消费者的角度来确定森林生态系统服务价值。周毅认为可用总支出法、部分费用区内支出法等方法来确定森林生态系统服务某项功能的价值。基于陈应发和周毅的方法，吴光伟总结认为，消费法可通过消费者对于森林生态系统服务某项功能的实际消费支出来确定。杨洪国、邓培雁、饶良懿相继完善了替代市场法。这是用来计算没有市场价格因素的一种方法，即通过使用某种技术手段来实现森林生态系统服务某项功能所要花费的代价或者维护的费用来确定森林生态系统服务某项功能的价值。比如计算植被储存营养物的价值。这种方法存在自身的缺陷，由于技术的限制，我们可能无法准确度量森林生态系统服务某项功能的准确数值，例如一个范围内的森林可以消除多少噪声等。聂华认为，可以使用机会成本法来确定森林生态系统服务价值，即保护研究范围内的森林资源所放弃的用于其他用途所能获取的最大服务价值。对于森林生态系统服务某项功能的非使用价值的计算，条件价值法是主要方法。郑景明总结条件价值法的关键点在于，通过直接调查人们对森林生态系统服务某项功能所愿意支付的价格来确定。恢复费用的一种特殊形式即影子工程法，是一种用来确定森林生态系统服务某项功能价值的有效方法。

薛沛沛应用森林生态系统服务功能分布式测算方法对江西省武宁县、浙江省江山市和福建省邵武市的森林生态系统服务价值进行了评估。结果表明，2011 年武宁县、江山市和邵武市的生态系统服务总价值分别为 159.95 亿元/a、77.35 亿元/a 和 149.05 亿元/a。李坦构建了江西省森林生态系统服务价值评价指标体系，对江西省 11 个地级市的森林生态系统服务进行了物质量与价值量的评估，并运用 Pearl 生长曲线对价值量进行了逐一调整。吴霜利用 1901—2009 年全球温度和降水数据以及全国 1266 块森林样地主要森林类型数据作为基础数据，应用能值理论和生态系统服务功能理论，建立了中国森林能值与服务功能价值之间的函数关系，并且研究了 1990 年和 2009 年中国森林服务价值密度的变化。刘永杰应用市场价值、影子价格、机会成本等方法，对神农架自然保护区提供林产品、涵养水源、土壤保持、气体调节、净化环境、养分循环、娱乐文化和维持生物多样性等森林生态系统功能的生态经济价值进行评估。结果表明，神农架国家级自然保护区森林生态系统服务价值总计为 204.33×10^8 元/a。王晓宏进行野外调查数据采集，根据《森林生态系统服务功能评估规范》筛选评估指标体系，采用定性和定量相结合的方法，对内蒙古大兴安岭林区的森林生态系统服务价值进行物质量和价值量的研究与评估。韩秋萍应用生态价值法、碳税法、影子工程法和意愿调查评估法等研究方法，对韶关森林涵养水源、固碳释氧、保育土壤、净化空气、休闲娱乐及保护生物多样性 6 项生态服务价值进行了核算。李国伟揭示天然林资源保护工程的实施对长白山林区森林生态系统服务价值物质量和价值量的影响。结果表明，从 1998 年开始试点，到 2010 年一期正式结束，森林生态系统各项服务价值的物质量和价值量均呈现增加趋势。修珍珍通过 GIS 软件定量可视化服务功能，揭示了生态系统服务价值。

20 世纪 80 年代，我国学者采用影子工程法研究了西双版纳傣族自治州森林涵养水源功能价值，计算出其价值为 14.7 亿元/a。采用能值分析法对中国红树林生态系统服务价值进行了研究，计算出每公顷的价值为 9.24×10^4 元。采用市场价值法和生产成本法得出 2006 年重庆市森林生态系统服务总价值为 2579.91 亿元/a。基于 GIS 对大兴安岭盘古林场进行生态功能评价，计算出盘古林场森林生态功能指数为 0.5997，该地区森林生态功能整体处于中等等级。我国学者开始使用不同的生态系统服务价值评价方法和不同的监测分析技术手段对森林生态系统服务价值进行评价。森林生态系统服务价值评价的研究朝着更加多元化和高科技化的方向发展。

综上所述，国内外学者对森林生态系统服务价值进行了大量研究，也在该研究领域取得了一定的进展。但目前，森林生态系统服务价值的理论体系并不完善，评估指标及其范围仍存在一定的缺失。在使用货币形式评估森林生态系统服务价值时，因为森林生态系统服务价值的复杂性，目前仍没有方法能够全面评估出每一项服务功能的物质量，同时在服务与功能的对接上，很难进行准确的计算。国内外并没有形成统一的森林生态系统服务价值评价方法与指标体系，测算与评估并未到达成熟阶段。

3.1.2 森林生态系统服务价值评价方法及其指标体系

3.1.2.1 生态系统服务价值评价方法

评价生态系统服务价值的主要方法包括直接市场法、替代市场法和虚拟市场法。

（1）直接市场法。

直接市场法应用于具有实际市场的生态系统服务的经济价值。评价方法包括市场价值法和费用支出法。市场价值法主要用于评价无支出生态系统服务价值，虽然没有市场交换，但它们有市场价格，所以可以根据其市场价格来判断其服务价值。费用支出法主要以游客游憩时的各种费用支出的总和或部分费用支出的总和作为游憩服务价值。

（2）替代市场法。

替代市场法用于没有直接市场交易与市场价格，但具有这些服务的替代品的市场和价格的生态服务。以获得与某种生态系统服务相同结果所需的生产费用为依据，间接评价生态系统服务的价值。评估方法包括替代成本法、机会成本法、恢复和防护费用法、影子工程法、旅行费用法和享乐价格法。

替代成本法通过计算替代品消费的价值来替代某些环境服务的价值。因为生态系统是一个庞大的系统，受到很多因素的影响，所以在选择替代品的时候，要先确定其选择标准和度量方法是否具有科学性，以避免选择替代品时出现差错。

影子工程法是指利用人造建筑项目来代替生态系统服务的价

值。人造建筑的成本可以取代原有服务的价值。例如森林生态系统具有涵养地下水源的功能，建造一个相同大小的水库所消耗的费用，可以作为该生态系统涵养地下水源的服务价值。

旅行费用法使用消费者产生的旅行费用和门票费用来为娱乐物品获得消费者剩余，将其作为自然生态系统产生的游憩价值。旅游消费法首次提出以消费者剩余作为休闲产品价值的评估指标，然后计算自然生态系统产生的服务价值。

享乐价格法是指评价会受到很多因素的影响，而评价对象的价值会随着这些因素的变化而变化，估算出这些因素变化时评价对象产生的市场价值。

（3）虚拟市场法。

虚拟市场法是对没有市场交易和实际市场价格的生态系统产品和服务，只有人为地构造假想市场来衡量生态系统服务价值。其主要方法是条件价值法。

条件价值法假设某种商品存在并具有市场交换价值，通过问卷调查、投标等方式获得这些商品的价值。条件价值法适合于评估缺乏实际市场价值的商品和评估各种生态系统服务价值。实际支出是指商品的价格，消费者剩余可以从商品的价格中得出。因此，商品的价值可以根据其市场价格来计算。由于类似替代商品的消费者剩余很小，其价格直接表示为商品价值，因为没有市场交换和公共品价格，公共品的价值不能通过市场交换和市场价格来评估。

3.1.2.2 森林生态系统服务价值评价方法

森林生态系统服务价值评价方法可以分为常用核算方法和生态模型法，其中常用核算方法包括物质量评价法、价值量评价法和能值分析法。

（1）物质量评价法。

一般是采用定位观测和遥感技术，结合生态学参数，构建生态系统服务价值评价模型，计算各个生态服务的物质量。目前森林生态系统服务价值物质量评价法可以分为两类，即功能价值法和当量因子法。

功能价值法是对森林生态系统服务所形成或提供的各种实物量进行定量评价的一种方法，目前大多数学者在《森林生态系统服务功能评估规范》的指导下，结合森林资源的资料代入公式即可计算出物质量，进而通过替代市场法计算出价值量。

当量因子法是假定生态服务供求曲线为一条垂直的线，能够区分不同种类的森林生态系统服务功能并根据每种生态系统服务功能价值当量结合森林生态系统的分布面积进行评估。

（2）价值量评价法。

森林生态系统服务价值量评价法主要是利用市场理论、环境经济学理论对森林资产价值进行货币化定价的方法，包括直接市场法、替代市场法和虚拟市场法。

（3）能值分析法。

森林生态系统服务价值能值分析法是以能量为共同评价标准，通过能值货币转化率或者能值与森林生态系统服务功能价值之间的函数关系，确定森林生态系统服务价值。

3.1.3 森林生态系统服务价值的指标体系

3.1.3.1 森林生态系统服务价值指标的选择原则

森林生态系统既有以原始森林为主的自然生态系统，也有以人工林为主的人工生态系统。建立森林生态系统的评价指标体系是为了定量地准确反映生态系统服务价值，使得人类可以更加全面地发挥森林的作用，并实现对整个森林的保护，使森林的生存得到维系。森林生态系统受到自然规律的控制和人类社会经济发展的制约，因为评价指标涉及的学科种类和项目较多，目前还没有统一的选择标准，所以只能筛选出一部分能够反映当地实际情况的指标作为评价指标。

选择这些评价指标要遵循以下几个原则：等级性原则、整体性原则、代表性原则、可比性和规范性原则、简明性和可获得性原则以及定性与定量相结合的原则。

（1）等级性原则：森林生态系统中不同的组分具有不同的地位和作用，所以要区分森林生态系统的等级，找出人类活动与其相结合的关键点并对其进行评价。

（2）整体性原则：森林生态系统评价范围非常大，包括物理问题、化学问题、生物问题、生态问题、社会经济问题和人类健康问题等方面，所以需要综合考虑建立森林生态系统评价的指标体系，在若干影响因素中选择那些能够全面概括森林生态系统结构和功能的指标。

（3）代表性原则：要在众多影响森林生态系统的特征因子中选择最具代表性的作为评价指标。

（4）可比性和规范性原则：森林生态系统评价指标的内容和方法必须规范，具有可比性，相同的评价指标应采用相对来说一致的估算方法。

（5）简明性和可获得性原则：森林生态系统的评价指标应该简明扼要，相对来说便于理解，相关数据是可以通过不同途径获取的。

（6）定性与定量相结合的原则：森林生态系统的评价指标从质和量两个角度来说都对森林生态系统服务价值的评价具有重要意义，对于部分难以量化的评价指标，可以用定性原则对其进行评价，同时结合相关专家和公众评判的模式来进行相关研究。

3.1.3.2 森林生态系统服务价值指标体系的建立

根据《森林生态系统服务功能评估规范》的要求，结合研究区特殊的地理和人文环境等诸多要素，森林生态系统服务价值研究选择的指标包括三大类七个小项服务价值：林木产品提供的价值、景观旅游的价值、固碳释氧的价值、涵养水源的价值、净化大气环境的价值、固土保肥的价值、生物多样性维护的价值。

（1）林木产品提供的价值。森林最主要的服务是提供木材，给当地农民带来最为直接的经济收入。元阳梯田箐口村周边水源林区有着大规模的原始森林，居住在此的人们日常的生活薪柴大多从山上采集，同时，人们房屋建设所用的木材也来源于此。就地取材为农民节省了大量的运输成本，也让人们少花费了很多人力物力。

（2）景观旅游的价值。元阳梯田景区是全国著名的旅游景区，该景区中最具特色的是河谷—梯田—村庄—原始森林的垂直景观结构。箐口村位于元阳梯田旅游核心区，具有哈尼山寨的典型特色，民俗村集中体现哈尼梯田文化，具有森林、村庄、梯田和江河四度同构的特征。经过几年的努力，一个民居建筑古朴静谧、民族文化多姿多彩、极具哈尼民族特色的新农村脱颖而出，成为元阳哈尼梯田的亮点之一，吸引了无数国内外游客前来旅游，同时也为当地民众带来了可观的收入。

（3）固碳释氧的价值。固碳释氧在森林生态系统服务中有着重要的位置，也发挥着巨大的作用。固碳释氧体现为森林在生长期间能够吸收CO_2、释放O_2，调节大气中CO_2和O_2的平衡，对温室效应的缓解有着重要作用。森林生态系统的固碳释氧可以分为固碳服务和释氧服务。

（4）涵养水源的价值。森林土壤具有较强的保水性和渗透性。因此，森林生态系统具有很强的保护地下水资源的能力。森林生态系统水资源保护主要体现在蓄水、调节径流、减少干旱、防洪、净化水质等方面。森林涵养水源价值指的是通过森林植被保护，地下水净化的附加值以及地上有效水的价值和有效地下水增加的价值。涵养水源主要体现在森林调水和森林净水两个方面。

（5）净化大气环境的价值。森林生态系统调节气候和净化大气环境主要包括调节温度、调节湿度、阻滞降尘、减噪、吸附有害气体、释放空气负粒子、释放萜烯类物质等。对于人类排放的二氧化物、氮氧化物、氟化氢等大气污染物，森林可以通过光合作用，经过生物化学反应，将有害物质转化为无害物质并保存起来。

（6）固土保肥的价值。森林具有防止水土流失和保持土壤肥力的作用。森林固土的价值是森林在防止水土流失方面的价值，森林同时还具有防止土壤养分流失的作用。森林在防止水土流失的同时，也对保持森林土壤的肥力起到一定的作用。

（7）生物多样性维护的价值。生物多样性维护的直接经济价值包括野生植物资源的价值和依赖森林资源生存的野生动物资源的价值。生物多样性维护的间接经济价值包括有机废弃物的分解、病虫害的防治、表土的形成、遗传资源库、生物固氮等。

3.1.4 数据来源

本研究的数据主要来源于以下几个途径：

（1）根据现场调研情况，将元阳梯田箐口村森林生态系统的林种划分为针叶林和阔叶林。

（2）选取典型林分区域设置三块标准样地，采集土壤样本。采用环刀法，分别按 0～15 cm、15～30 cm、30～45 cm 三个层次，进行土壤取样，每层取土 1 kg。将土壤样本带回实验室，在室温下自然风干后除去根系、石块等杂质，研磨，过0.25 mm

筛，2016 年 8 月与 2017 年 10 月在实验室进行了土壤容重检测，以及土壤 N、P、K 含量检测等实验。

(3) 从云南省林业厅网站、元阳县统计局获得 2017 年元阳县年鉴，从元阳县新街镇农科站获得所需研究区域的资料和其他相关资料。

3.2 研究方法

3.2.1 研究区概况

本研究区位于元阳梯田核心区箐口村周边水源林区，包括小水井和坝达山两个主要林区，总面积 47.53 km^2。林区面积达 1673 hm^2。本研究区海拔在 940~2260 m，气候类型为亚热带山地季风气候，年平均气温 16.4 ℃。该区域位于元阳梯田世界文化遗产核心区，距南沙镇 43 km，距新街镇 14 km。

3.2.2 研究区森林生态系统服务价值评价方法

通过森林生态系统中林木产品提供的价值、景观旅游的价值、涵养水源的价值、固土保肥的价值、生物多样性维护的价值、固碳释氧的价值和森林净化大气的价值对元阳梯田箐口村的森林生态系统服务价值进行评价，最后对其经济价值、社会价值和生态价值进行分析研究。

3.2.2.1 研究区森林生态系统经济价值估算方法

林木产品提供的价值估算采用市场价值法，根据林木产品在市场上的价格进行计算，公式为：

$$V_1 = \sum_{i=1}^{n} V_i \times T \times P_i \tag{3-1}$$

式中，V_1表示年森林生态系统提供的林木产品的价值，单位为元/a；V_i表示研究区第 i 类林分的年生长量，单位为 t/a；T 表示木材的平均出材率；P_i表示研究区第 i 类林分木材的市场价格，单位为元/t。

3.2.2.2 研究区森林生态系统景观旅游价值估算方法

景观旅游价值由以下公式计算：

$$V_2 = P_{JG} \times A \tag{3-2}$$

式中，V_2表示年森林生态系统景观旅游的价值，单位为元/a；P_{JG}表示森林生态系统景观旅游单位面积年价值量，单位为元/(hm^2·a)。

3.2.2.3 研究区森林生态系统生态价值评价方法

（1）涵养水源。

涵养水源价值评价采用替代工程法，使用水库拦蓄等量的水的价格进行替代计算，调节水的量也就是净化水的量，净化水的价格采用国家净水的平均值。森林生态系统调节水量的计算公式为：

$$V_{TS} = 10A \times (P - E) \times P_1 \tag{3-3}$$

式中，V_{TS}表示年森林生态系统调节水量价值，单位为元/a；P 表示年平均降水量，单位为 mm/a；E 表示年平均林分蒸散量，单位为 mm/a；A 表示林分面积，单位为 hm^2；P_1表示拦蓄等量水的成本，取全国平均值 6.11 元/m^3。

森林生态系统净化水量的计算公式为：

$$V_{JS} = 10A \times (P - E) \times P_2 \tag{3-4}$$

式中，V_{JS}表示年森林生态系统净化水量价值，单位为元/a；P 表示年平均降水量，单位为 mm/a；E 表示年平均林分蒸散量，单位为 mm/a；A 表示林分面积，单位为 hm^2；P_2表示人工净化水的费用，取全国平均值 2.09 元/m^3。

森林生态系统涵养水源价值计算公式为：

$$V_3 = V_{TS} + V_{JS} \tag{3-5}$$

（2）固碳释氧。

这部分价值采用造林成本法分别计算固碳服务价值和释氧服务价值。

森林生态系统年固碳服务价值计算公式为：

$$U_{固碳} = 1.62 \times A \times C_{固碳} \times R_{碳} \times B_{年} \tag{3-6}$$

式中，$U_{固碳}$表示森林生态系统年固碳价值，单位为元/a；A 表示林分面积，单位为 hm^2；$C_{固碳}$ 表示固碳价格，单位为元/t；$R_{碳}$表示 CO_2 中碳的含量，值为 27.27%；$B_{年}$表示年林分净生产力，单位为 t/(hm^2 · a)。

森林生态系统释氧服务价值计算公式为：

$$U_{释氧} = 1.2 \times A \times C_{释氧} \times B_{年} \tag{3-7}$$

式中，$U_{释氧}$表示森林生态系统年释氧价值，单位为元/a；A 表示林分面积，单位为 hm^2；$C_{释氧}$ 表示释氧价格，单位为元/t；$B_{年}$表示年林分净生产力，单位为 t/(hm^2 · a)。

森林生态系统年固碳释氧价值计算公式为：

$$V_4 = U_{固碳} + U_{释氧} \tag{3-8}$$

（3）大气环境净化。

森林生态系统净化空气质量的价值采用替代工程法，使用处理净化粉尘、二氧化硫、氟化氢、氮氧化物的成本费用进行代替，计算公式为：

$$V_5 = (Q_F \times P_F + Q_S \times P_S + Q_H \times P_H + Q_N \times P_N) \times A \tag{3-9}$$

式中，V_5表示森林生态系统年净化空气质量的价值，单位为元/a；Q_F表示单位面积林分阻滞降尘的平均通量，单位为kg/(hm^2 · a)；P_F表示森林生态系统阻滞降尘的费用，单位为元/kg；Q_S表示单位面积林分吸收二氧化硫的平均通量，单位为 kg/(hm^2 · a)；P_S 表示森林生态系统净化二氧化硫的费用，单位为元/kg；Q_H 表示单位面积林分吸收氟化氢的平均通量，单位为 kg/(hm^2 · a)；P_H 表示森林生态系统净化氟化氢的费用，单位为元/kg；Q_N 表示单位面积林分吸收氮氧化物的平均通量，单位为 kg/(hm^2 · a)；P_N 表示森林生态系统净化氮氧化物的费用，单位为元/kg。

（4）固土保肥。

采用替代工程法对森林生态系统固土服务价值进行计算，森林减少土壤流失的价值就是固土服务价值，用水土流失造成的河流疏浚成本来计算。公式为：

$$Q = A \times (F_1 - F_2) \times C/\rho \tag{3-10}$$

式中，Q 表示森林生态系统年减少的土壤流失量，单位为 t/a；A 表示森林面积，单位为 hm^2；F_1 表示年无林地土壤侵蚀模数，单位为 t/(hm^2 · a)；F_2 表示年有林地土壤侵蚀模数，单位为 t/(hm^2 · a)；C 表示挖取单位土方费用，单位为元/m^3；ρ 表示林地土壤容重，单位为 t/m^3。

森林生态系统防止土壤养分流失的价值可以用具有同等肥力的肥料的市场价格来替代。计算公式为：

$$V_{GB} = Q \times \sum_{i=1}^{n} (R_i/A_i) \times P_i \tag{3-11}$$

式中，V_{GB} 表示年森林生态系统保肥服务价值，单位为元/a；Q 表示林地减少的土壤流失量，单位为 t；R_i 表示土壤中第 i 种养分元素的含量；A_i 表示第 i 种养分元素在标准化肥中的含量；P_i 表示第 i 种标准化肥的市场价格，单位为元/t。

森林生态系统年固土保肥价值计算公式为：

$$V_6 = Q + V_{GB} \tag{3-12}$$

（5）生物多样性维护。

计算生物多样性维护价值目前使用的方法是评估生物多样性

保护价值的 Shannon－Wiener 指数法。通过实际调查数据，根据不同丰富度的生态系统确定单位面积生物多样性保护价值。计算公式为：

$$V_7 = \sum_{i=1}^{n} S_i \times A_i \tag{3-13}$$

式中，V_7表示森林生态系统年生物多样性维护服务价值，单位为元/a；S_i是 S－W 指数，为第 i 等级单位面积生物多样性价值，单位为元/(hm^2 · a)；A_i表示第 i 等级的森林面积，单位为 hm^2。

当 S－W 指数<1 时，S 为 3000 元/hm^2；当 1≤S－W 指数<2 时，S 为 5000 元/hm^2；当 2≤S－W 指数<3 时，S 为 10000 元/hm^2；当 3≤S－W 指数<4 时，S 为 20000 元/hm^2；当 4≤S－W 指数<5 时，S 为 30000 元/hm^2；当 5≤S－W 指数<6 时，S 为 40000 元/hm^2；当 S－W 指数≥6 时，S 为 50000 元/hm^2。

（6）森林生态系统服务功能总价值。

$$V_{总} = V_1 + V_2 + V_3 + V_4 + V_5 + V_6 + V_7 \tag{3-14}$$

式中，$V_{总}$表示年森林生态系统服务总价值，V_1表示年林木产品的价值，V_2表示年景观旅游的价值，V_3表示年涵养水源的价值，V_4表示年固碳释氧的价值，V_5表示年大气环境净化的价值，V_6表示年固土保肥的价值，V_7表示年生物多样性维护的价值。

3.3 结果与分析

3.3.1 研究区森林生态系统服务价值指标参数的获取与评价

3.3.1.1 经济价值指标的获取与评价

为计算林木产品价值，通过 GIS 软件和卫星遥感勘测，确定研究区森林面积为 1673 hm^2。研究区内阔叶林和针叶林的生长量分别为 4379.91 m^3/a 和 3583.57 m^3/a。根据阿里巴巴木材采购市场的木材价格，针叶林原木价格为 900 元/m^3，阔叶林活立木价格为 3000 元/m^3。研究区木材提供的价值为 1636.5 万元/a。

3.3.1.2 景观旅游价值指标的获取与评价

元阳梯田箐口村吸引了无数国内外游客前来旅游，同时也为当地民众带来了可观的收入。评估区面积为 1673 hm^2，景观旅游单位面积价值量为 6000 元/(hm^2 · a)。研究区森林生态系统景观旅游的价值为 1003.8 万元/a。

3.3.1.3 生态价值指标的获取与评价

（1）涵养水源的价值。

森林涵养水源的功能主要表现为储存土壤中的水分和截留大气降水。森林生态系统在陆地生态系统中具有比较强的涵养水源能力，有着抗旱蓄洪的重要作用，是天然的水库。

研究区年蒸发量 1184.1 mm，年降水量 1397.6 mm，森林涵养水源类似水库蓄水，通过影子工程法进行计算，蓄水量每吨库容成本费用取全国平均值 6.11 元/m^3，调节水的量就是净化水的量，净化水的价值和调节水的价值计算方法相同，净化水的价格采用人工净化水的费用，取全国平均值 2.09 元/m^3。该研究区森林涵养水源的经济价值为 2928.88 万元/a。

(2) 固碳释氧的价值。

根据光合作用与呼吸作用的公式可知，每形成 1 g 干物质，需要固定 1.62 g CO_2、释放 1.2 g O_2。阔叶林和针叶林年净生产力分别为 9.9 t/(hm^2 · a) 和 9.5 t/(hm^2 · a)。参考《森林生态系统服务功能价值评估规范》，市场上固碳价格为 1200 元/t，阔叶林和针叶林固碳价值分别为 482.92 万元/a 和 379.15 万元/a，总价值为 862.07 万元/a。在释氧方面，依然是依照光合作用与呼吸作用的公式，每形成 1 g 干物质，需要固定 1.62 g CO_2、释放1.2 g O_2。参考《森林生态系统服务功能价值评估规范》，市场制造氧气价格为 1000 元/t，总释放氧气价值为 1951.4 万元/a。该研究区固碳释氧总价值为 2813.47 万元/a。

(3) 大气环境净化的价值。

由于研究区森林面积为 1673 hm^2，阔叶林阻滞降尘的能力为 10.11 t/(hm^2 · a)，针叶林阻滞降尘的能力为 33.2 t/(hm^2 · a)，阻滞降尘的成本为 560 元/t，则森林生态系统阻滞降尘的价值为 1920.65 万元/a。该研究区阔叶林吸收 SO_2 的能力为 88.65 kg/(hm^2 · a)，针叶林吸收 SO_2 的能力为 215.6 kg/(hm^2 · a)，吸收 SO_2 的成本为 0.6 元/kg，则该区域森林生态系统净化 SO_2 的价值为 14.63 万元/a。该区域阔叶林吸收 HF 的能力为 4.65 kg/(hm^2 · a)，针叶林吸收 HF 的能力为 0.5 kg/(hm^2 · a)，吸收 HF 的成本为 0.16 元/kg，则该区域森林生态系统净化 HF 的价值为 0.07 万元/a。该区域阔叶林吸收 NO_x 的能力为 6 kg/(hm^2 · a)，针叶林吸收 NO_x 的能力为 6 kg/(hm^2 · a)，吸收 NO_x 的成本为 0.63 元/kg，则该区域森林生态系统净化 NO_x

的价值为 0.63 万元/a。因此，研究区森林生态系统大气环境净化的价值为 1935.98 万元/a。

（4）固土保肥的价值。

我国无林地土壤侵蚀模数的下限为 192 t/(hm² · a)。根据该研究区针叶林和阔叶林实际侵蚀模数，林地的实际侵蚀模数为阔叶林 0.5 t/(hm² · a)，针叶林 7.8 t/(hm² · a)（表 3-1），林地土壤容重平均为 1.10 t/m³ 。参考《森林生态系统服务功能价值评估规范》，挖取单位面积土方费用为 12.6 元/m³。

表 3-1　研究区森林生态系统固土价值

林分类型	林分面积（hm^2）	林地土壤容重（t/m^3）	无林地侵蚀模数[$t/(hm^2 \cdot a)$]	有林地侵蚀模数[$t/(hm^2 \cdot a)$]	林分固土量(m^3)	固土价值(万元/a)
阔叶林	920.15	1.10	192	0.5	160189.75	201.84
针叶林	752.85	1.10	192	7.8	126068.16	158.85

计算得到该研究区域森林每年减少土壤侵蚀价值为 360.69 万元。

经过样地采样，实验得到该研究区域森林地表层土壤有机质含量平均为 5.69%，全氮含量平均为 0.28%，全磷含量为 0.06%，全钾含量为 1.24%。参考《森林生态系统服务功能价值评估规范》，磷酸二铵化肥价格为 2400 元/t，氯化钾化肥价格为 2200 元/t，磷酸二铵化肥含氮量为 14%，磷酸二铵化肥含磷量为 15.01%，氯化钾化肥含钾量为 50%，土壤有机质转换成薪材的比例为 1 ∶ 2，薪材的机会成本价格为 51.3 元/t，见表 3-2。

表 3-2 研究区森林生态系统保肥价值

林分类型	林分面积（hm^2）	保氮价值（万元/a）	保磷价值（万元/a）	保钾价值（万元/a）	保有机质价值（万元/a）	保肥总价值（万元/a）
阔叶林	920.15	845.80	168.98	961.39	102.87	2079.04
针叶林	752.85	664.64	132.99	756.61	80.96	1635.20

该研究区减少土地肥力价值共为 3714.24 万元/a。因此，该研究区森林每年保持水土的总价值为 4074.93 万元。

（5）生物多样性维护的价值。

该研究区针叶林的生物多样性指数为 0.46，阔叶林的生物多样性指数较高，为 0.95（表 3-3），可知 S-W 指数≤1。调查得知，当 S-W 指数≤1 时，单位面积生物多样性价值为 3000 元/hm^2。

表 3-3 研究区森林生态系统生物多样性维护价值

林分类型	林分面积（hm^2）	生物多样性指数	单位面积生物多样性价值（元/hm^2）	生物多样性维护价值（万元/a）
阔叶林	920.15	0.95	3000	276.05
针叶林	750.85	0.46	3000	225.86

计算得到该区域森林生态系统生物多样性维护价值为 501.91 万元/a。

3.3.2 研究区森林生态系统生态价值分析

通过以上结果可以算出研究区森林生态系统服务价值，结果见表 3-4。

表 3-4　研究区森林生态系统服务价值

研究区森林生态系统各个服务	价值（万元）
林木产品提供的价值 V_1	1636.50
景观旅游提供的价值 V_2	1003.80
涵养水源提供的价值 V_3	2928.88
固碳释氧提供的价值 V_4	2813.47
大气环境净化提供的价值 V_5	1935.98
固土保肥提供的价值 V_6	4074.93
维持生物多样性提供的价值 V_7	501.90
合计	14895.46

研究区森林生态系统服务价值为 14895.46 万元/a，元阳梯田箐口村森林面积为 1673 hm^2，则元阳梯田箐口村森林生态系统服务平均单位面积价值为 8.9 万元/(hm^2 · a)，森林生态系统服务价值从大到小依次为固土保肥、涵养水源、固碳释氧、大气环境净化、林木产品、景观旅游、维持生物多样性。研究区在固土保肥和涵养水源方面发挥了巨大作用，同时该研究区的生态价值占 82%，经济价值和社会价值仅占 18%（图 3-1），说明该区域生态服务有着巨大价值，发挥着巨大作用。

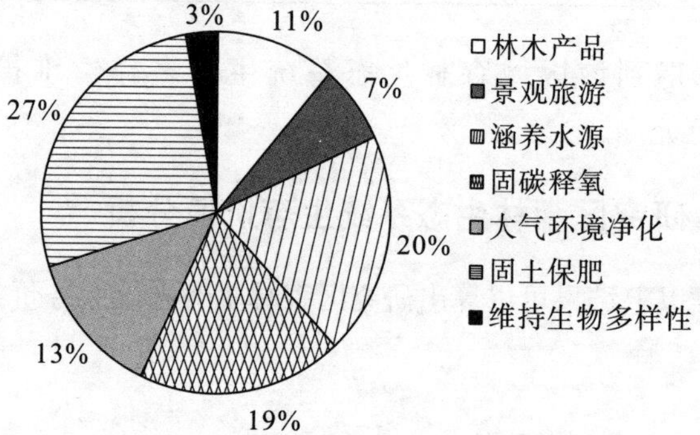

图 3-1　森林生态系统服务价值构成

3.4 小结

本章通过实地调查和实验收集到了研究区森林生态系统服务的相关数据，采用生态系统评价的常用方法进行各个服务价值的评价，评价结果表明：

（1）研究区森林生态系统在 2017 年产生的服务总价值是 14895.46 万元/a，平均单位面积森林生态系统服务价值为 8.9 万元/(hm^2·a)。其中生态价值为 12255.17 万元/a，占总价值的 82%，经济价值为 1636.5 万元/a，占总价值的 11%，社会价值为 1003.8 万元/a，占总价值的 7%，生态价值远远高于经济价值和社会价值，生态价值占研究区服务价值的大部分，说明本研究区的服务功能具有巨大的效益，下一步工作是对这些服务功能进行保护。

（2）研究区林木产品价值、景观旅游价值、涵养水源价值、固碳释氧价值、大气环境净化价值、固土保肥价值和维持生物多样性价值分别为 1636.5 万元/a、1003.8 万元/a、2928.88 万元/a、2813.47 万元/a、1935.98 万元/a、4074.93 万元/a 和 501.91 万元/a。其中固土保肥、涵养水源和固碳释氧分别占总价值的 27%、20%和 19%，说明研究区固土保肥、涵养水源和固碳释氧方面发挥着巨大的作用，提供了大量的生态价值。

（3）通过对研究区的评价，确定了研究区森林生态补偿价值为 1002.63 万元/a，提出了森林生态补偿的方式和途径，并提供了政府补偿、市场机制补偿及受益者补偿的资金来源。

4 元阳梯田森林生态系统土壤固碳机理

4.1 研究概况

4.1.1 土壤有机碳

在陆地生态系统中，土壤资源作为一种天然资源，十分珍贵，在人类日常生活和生产中提供最基本、最广泛和最重要的自然资源。碳是自然界中与人类生存密切相关的重要物质之一，它在水圈、大气圈、岩石圈和生物圈中动态循环。陆地生态系统中的土壤碳库是其中最重要的一部分，由土壤无机碳和有机碳构成。其中，有机质内包含的有机碳存在于微生物合成和分解出的有机物质、动物残体和植物残体中。陆地上存在许多种生物系统，其中森林系统十分重要，为人类的生产和日常生活提供丰富的物质，有保护土壤、收集营养、维持生物多样性、涵养水源、清洁大气和固碳释氧等作用。土壤生态系统是最大的有机碳库。据相关调查，全球范围内的土壤有机碳储量相当于陆地植被碳库的 2~3 倍或大气碳库的 2 倍多，具体数值为 1115~2220 Gt。

4.1.2 全球气候变化和土壤有机碳

自然界通过矿化作用实现土壤有机碳的累积和释放，这个过程具有动态平衡的特点。当矿化量小于有机碳形成量时，土壤具有固碳的作用。土壤又作为碳源，以 CO_2 形式将碳释放到大气中。温室效应是近年来重要的环境问题之一，它影响着人类赖以生存的地球生态环境，人类社会与绿色环境的可持续发展息息相关。CO_2 是温室效应的主要影响因子，因而生物圈碳累积和碳释放的研究成为当前的热点。陆地有机碳库吸收大气中的 CO_2 是由于土壤有碳汇功能，因而利用土壤的碳汇功能减缓温室效应十分有效。虽然最丰富的碳储量集中在海洋中，但是海水具有溶解能力，与大气系统的碳交流比较稳定，因而对大气中 CO_2 浓度的影响很小。而较小幅度变化的土壤有机碳能够引起大气中 CO_2 浓度的大幅度改变，对全球气温的上升或下降有较大影响。在地球碳循环中，森林土壤有机碳库十分关键，全球陆地生态系统随着森林有机碳库的变化而变化。因此，在全球气候不断变化、CO_2 浓度增加的前提下，森林土壤有机碳库的碳储量影响着温室效应的减轻和加重。气候变化影响着许多方面，如土壤有机碳转化或分解、植物的光合作用等，继而对碳的变化和森林土壤有机碳的储量产生影响。2013 年联合国政府间气候变化专门委员会（IPCC）气候变化报告表明，植被覆盖减少导致的土壤碳损失平均每年为（30±4.5）Pg。对于当前出现的全球气候变暖引发的环境问题，广大学者将目光锁定在陆地生态系统中土壤有机碳分布特点、碳平衡以及碳存储等方面。

4.1.3 土壤有机碳的组成

由于在环境中的周转速度和敏感程度不相同，土壤有机碳分为两类：惰性有机碳和活性有机碳。其中，氧化分解作用大、易受环境左右、要求高活性的微生物和植物土壤碳素是活性有机碳。在气候变化、土地利用方式、耕作方式等因素联合作用下，活性有机碳十分灵敏，其含量变化和速度变化远超惰性有机碳以及土壤总有机碳。在全碳中，包含很小部分的土壤活性有机碳，但由于易氧化的特征，活性有机碳在土壤碳素的转换中是十分重要的一环，与土壤生产力联系密切。调查发现，相比土壤有机碳，土壤活性有机碳可以更为明显地指示土壤养分状况。

（1）水溶性碳。

水溶性碳具有容易被微生物分解、可溶解于水的特点，是森林土壤养分的重要提供者，并且在陆地水、土壤水系统中都有重要作用，也是运输土壤中氮、磷、硫的载体，影响铝、重金属元素的毒性及其迁移过程。Mccarthy 反复实验后得出，水溶性碳可以在短时间内体现土壤中碳的固定变化，并且能够将表层碳运输到深层土壤，继而提高下层土壤的有机碳含量。

（2）易氧化碳。

1987 年，根据 33～333 mmol/L $KMnO_4$ 的氧化强度，Loginow 等人提出了土壤有机碳的活性部分。Blair 等人在此基础上又规范和创新了实验方法，即在中性条件下，以 333 mmol/L $KMnO_4$作为氧化剂，确定有机碳中非活性和活性部分，与此同时，阐述了土壤有机碳活性部分的一些概念。这些概念如下：

$$碳库指数（CPI）=\frac{农田或草地中的有机碳含量}{参考的森林或草地的土壤有机碳含量}$$

$$活性度碳（L）=\frac{被高锰酸钾氧化的有机碳}{没有被高锰酸钾氧化的有机碳}$$

$$活性指数（LI）=\frac{农田或草地碳}{参考的森林或草地碳（L）}$$

$$管理指数（CMI）=CPI\times LI\times 100$$

Biederbeck 等人提出土壤活性有机碳的指示因子是易氧化碳，土壤有机碳中产生变化的主要是易氧化碳部分。

（3）颗粒态碳。

通过颗粒分组法获取的土壤颗粒态碳，是与砂粒（53～2000 μm）结合的有机碳部分，其在分解速度中等的植物残体分解产物中产生。其周转周期为 5～20 年，周转速度相比其他活性组分快，所以它比土壤总有机碳受到土壤管理及土地利用方式的影响要大得多。在澳大利亚，Chan 调查分析两种变性土的颗粒态碳时发现，天然草地被开垦用作农田后，颗粒态碳大部分遭受损失，并且相比其他组分的有机碳，降低速度十分快。然而，在重新种植 4 年农作物后，颗粒态碳将恢复到原有状态。颗粒态碳组分易与原土分离，能够用于分析土壤有机质潜在周转特征组分，同时也可以成为土地利用方式改变对土壤总有机碳影响的一种敏感性指标。土壤颗粒态碳在形成大团聚体时也十分关键。Six 等人经过研究发现，团聚体内的土壤颗粒态碳浓度是微团聚体的 3~6 倍。相较于非颗粒态碳和矿物结合碳，土壤颗粒态碳对于指示土壤有机碳的变化和土壤的碳动态更加敏感。

4.1.4 不同植被类型的土壤有机碳

微生物在土壤中呼吸分解的量和植物残体转化形成的量共同组成了土壤中的有机碳储量。新鲜土壤中的有机物包括糖类化合物、氨基酸、纤维素、木质素、根系分泌素以及植物残体等。不同的分解方式和理化性质以及植被残体凋落数量造成不同种类的植被积累和保存有机碳的过程不同，由此产生了区别于空间分布、碳储存量的各个森林土壤有机碳库。

植被类型对进入土壤的植物残体的数量起决定作用，不同植被条件下土壤有机物的输入量相差很大。Jobbgy 等人研究灌木、草原、森林土壤剖面的有机碳空间分布特征，认为其明显与植被类型有关，3 种植被表层 0～20 cm 有机碳含量占 1 m 深土层中有机碳的百分比分别为 33%、42%和 50%，植被类型在一定程度上影响土壤有机碳垂直剖面的分布。而不同的植被类型也形成不同的有机物质进入土壤的方式。Post 和 Kwon 通过研究发现，地表的凋落物将植被的有机物带入土壤，一般情况下，有机物直接分解于地表；但草地则通过残根可以达到深层土壤，从而降低分解速度，使其土壤碳密度高于森林土壤。

在我国，热带雨林中每年输入土壤的有机物量为 1.6×10^4 kg·hm^{-2}，荒漠植被的输入量仅为 530 kg·hm^{-2}。因此，各类植被间输入差距较大。杨晓梅等人研究不同林地土壤有机碳储量及分布发现，不同土层和不同植被类型在有机碳含量方面有显著差异。对于整个土层来说，3 种林分土壤有机碳含量变化为 11.43～13.95 g·kg^{-1}，最低的是人工油松林，其次是柴松林，最高的是辽东栎林，这在很大程度上与凋落物分解速度、植被构成以及林分类型有关。秦娟等调查研究了不同类型马尾松土壤中的有机碳，结果表明，各林型 0～60 cm 土层中土壤有机碳含量表现为马尾松×枫香混交林>马尾松×麻栎混交林>马尾松纯林。广西主要林型土壤有机碳储量大小顺序为阔叶林（415.29 Tg）>杉木林（205.43 Tg）>桉树林（199.08 Tg）>油茶林（26.97 Tg）>栎类（24.25 Tg）。大量研究表明，大部分土壤有机碳来源于凋落物，由于器官、植被类型和植被年龄不同，其成分含量和化学组成也不相同。

4.1.5 森林土壤有机碳的空间分布

Berger 等人对不同成土母质的挪威云杉林的一项研究表明，不管是纯种云杉林还是云杉林与山毛榉的混交林，其表层土壤有机碳均明显大于下层土壤。Butnor 等对南美林龄为 5～87 年的长松林的土壤有机碳的分布特征进行实验，测定结果发现影响有机碳垂直分布规律的主要因素是土层深度。通过测定结果可以看出，Atlantic Coast Flatwoods、Southern Piedmont、Western Coastal Plain 三个地区的土壤有机碳含量均呈现随着土层深度增加而减少的规律。

我国学者在这方面的研究成果比较丰富。三峡库区表层土壤各种类型林分有机碳含量（12.06～45.18 g·kg^{-1}）比下层土壤大一个数量级。这是表层土壤枯枝落叶较多的缘故，土壤中的有机碳输入量大。对云南元阳梯田的土壤养分垂直分布的研究发现，同一海拔下随着土层深度增加，有机质含量呈下降趋势。在福建省西南部长汀县濯田镇黄泥坑崩岗群内植被覆盖度分别为2%、20%和95%的3处相邻崩岗的基础上，姜超等对各崩岗内沟道出口、集水坡面、崩积体以及崩壁的0~10 cm、10~20 cm、20~30 cm土壤基本理化性质进行研究，发现同类植被覆盖度下土壤的有机碳含量随着土壤深度的增加呈减少趋势。

4.1.6　森林土壤总有机碳储量

早在20世纪50年代，国外学者就已经开始研究土壤有机碳，并且在全球范围内开展土壤有机碳总储量的调查。土壤为植被提供生长所需的物质，陆地土壤中的有机碳是十分重要的碳库，最大的有机碳库是森林土壤有机碳库。一些学者的研究可以证实这个观点。例如，根据相关面积和土壤密度，Post等人分析出全球土壤有机碳的储量是1395 Gt，其中约73%是森林土壤产生的，由此可见，森林有机碳库是陆地上最大的有机碳库。Dixon等人认为森林有机碳库储量约为787 Gt。Woodwell等人更是计算出了不同的数值（925~2775 Gt）。Seely等人对几种植被覆盖下的土壤有机碳进行长期监测，发现其作为良好的碳汇，碳储存能力有明显的变化。据报道，在29年的时间里，挪威云杉（*Picea abies L*）和橡树（*Quercus robur L*）林下的碳储量分别为0.2 kg·m^{-2}和0.9 kg·m^{-2}。

国内很多学者与此同时也在研究森林土壤有机碳储量。周玉荣等人估算出我国森林土壤平均有机碳密度是193.55 t·hm^{-2}，大约是植被碳密度的3.4倍。森林中每1 m深土层的平均有机碳储量和碳密度由解宪丽等人计算出，具体数值为117.39 Gt和15.9 t·hm^{-2}。李克让根据面积加权法，估算出我国森林土壤平均有机碳密度为 81.39 t · hm^{-2}，总储量为 10.5 Gt。在我国，山区多分布森林土壤，种类繁多，在空间分布上既呈水平地带性分布，又呈垂直地带性分布。不同学者计算的森林土壤有机碳库存在较大的差异性，这主要是因为采样点密度的相对不足、土壤资料的缺乏以及土壤参数估计方法和计算方法的差异。与其他土壤性质（如质地、入渗率和土壤容重）相同，土壤有机碳的含量和储量具有高度的空间性（水平和垂直）和时间变异性。如何精确测量全国土壤有机碳储量仍然是今后碳循环研究工作的重点和难点。

以下为主要的土壤碳储量估算方式：生命地带法、土地类型法、土壤类型法和植被类型法等。这些方法的主要区别是划分土壤剖面的依据，以土壤类型划分土壤剖面的是土壤类型法，植被类型法则是根据植被类型划分。这些方法的测算步骤实质上相同，都是先确定土壤划分的方法，然后按照类别计算出土壤的有机碳密度，再在不同类型的基础上聚合土壤碳密度，最后通过加权平均计算出相应亚类的有机碳密度，乘以亚类面积，就可以估算出该亚类土壤的有机碳储量。Kem 针对我国不同气候带下典型森林类型的土壤有机碳密度和碳储量进行了监测和估算，得出特定区域内多种森林植被类型的土壤碳密度和碳储量的均值、变化幅度以及变异系数等，从而得到土壤有机碳含量、密度、储量随土壤深度变化的垂直分布格局以及碳密度在森林总碳库系统中所占比例随纬度变化的分布规律。但在一定区域尺度上，土壤碳储量的估算仍存在许多不足：一是土壤剖面不具备充分的例样性，土壤剖面深度具有不同的划分标准。有些研究按照发生学划分，有些研究则按照等间隔测度方法划分。划分标准不同，土壤剖面采样深度也不相同，大多不到 1 m，且有的野外土壤发生层不容易分辨，误差很大。二是有些研究只有土壤有机碳含量的实测数据，而土壤碳储量数据往往是通过有机碳含量与土壤密度的相关关系推算得到的，误差很大。同时大部分研究是对采样时土壤有机碳储量的估算，而对土壤碳密度和碳储量的年动态变化研究较少。由于这些不足，土壤有机碳相关数据在采集时缺乏计划性，在全面布点、时空尺度上存在很大差异，再加上调查方法和数据处理上的巨大差异，以及基础数据的不系统性，相关调查数据间可比性较小，建立大尺度森林土壤有机碳储量的数据库仍难度较大。因此，创建统一的收集森林土壤样品方式以及实验室数据采集和分析方法十分重要。建立全国主要森林土壤有机碳管理信息系统，有助于计算土壤有机碳储量和分析全球碳循环过程。

4.1.7 研究意义

土壤库是群落营养元素的主要贮存库，也是植物组分正常生长发育所需营养元素的主要来源。植物从土壤中吸收营养元素，并以枯落物的形式将元素归还土壤，形成物质循环过程，对维持生态系统的稳定性和持续发展有重要作用。森林土壤是维持林木健康生长的基质，其肥力特征影响并控制着森林植被的健康状态。了解森林群落中土壤的氮、磷、钾元素的含量以及分布特征和规律，合理地添加养分，加快土壤肥力的改良，能够为持续稳定地提高群落生产力、改善林分质量、增强森林生态系统的功能提供理论依据。

森林土壤有机碳库的变化会影响全球气候的变化。在全球变暖的世界难题面前，对元阳梯田森林土壤碳的空间分布特征的研究是有必要的，研究元阳梯田森林土壤有机碳储存能力可以帮助人们进一步寻找科学管理森林并减小有机碳储量变化的方法。

4.2 研究方法

4.2.1 研究区域概况

研究区域为元阳县新街镇坝达、小水井，位于北纬23°6′20″～23°7′30″，东经102°43′30″～102°46′31″。研究区域森林物种繁多，每个生物群落均有乔灌层。每个生物群落的总覆盖度均超过90%，林区内人为破坏小，森林保护完好。

4.2.2 研究内容

（1）研究区森林土壤基本化学性质的空间分布特征（水平方向上随植被类型的变化和垂直方向上的剖面分布特点）。

（2）森林土壤总有机碳及其活性组分的空间分布特征，研究元阳森林土壤不同植物群落总有机碳及活性有机碳的剖面分布、空间分布特征。

（3）森林土壤有机碳与土壤理化性质的关系，土壤总有机碳与土壤氮素、磷素和钾素之间的相关性分析。

（4）森林土壤活性有机碳（水溶性碳、易氧化碳、土壤颗粒态碳）占总有机碳的比率分析。

4.2.3 研究样地的选择

在2017年对坝达和小水井两个研究区进行调查的基础上，本研究分别在两个山区选择立地条件基本一致的较典型的植被类型并根据元阳梯田自身垂直特性设置一条海拔范围为480～2048 m的样带作为研究对象。其中，坝达内设置了6种植被类型的样地，优势种分别为旱冬瓜（*AIuls nepalensis D. Don*）、五眼果+旱冬瓜、杉木［*Cunninghamia C. lanceolat a*（*Lamb.*）

Hook.]、云南松（*Pinus yunnanensis Franch*）、草地和五眼果[*Choerospondias axillaris*（*Roxb.*）*Bt. et Hill*]；小水井内设置了 7 种植被类型样地，优势种分别为旱冬瓜（*AIuls nepalensis D. Don*）、草地、茶树（*Camellia sinesis*）、桤木（*Alnus cremastogyne Burk*）、红油果树（*Stranvaesia davidiana*）、杉木[*Cunninghamia C. lanceolata*（*Lamb.*）*Hook.*]、云南松（*Pinus yunnanensis*）。26 个典型土壤样地的基本情况见表 4-1 和表 4-2。

表 4-1 坝达土壤样地基本情况

样地编号	群落优势种	海拔（m）	经度	纬度	土壤类型
1	旱冬瓜	2019	102°46′20″	23°6′20″	黄棕壤
2	五眼果+旱冬瓜	1973	102°46′43″	23°6′34″	黄棕壤
3	杉木	1954	102°46′36″	23°6′35″	黄棕壤
4	云南松	1940	102°46′25″	23°6′24″	黄壤
5	草地	1870	102°46′22″	23°6′32″	黄壤
6	五眼果	1857	102°46′32″	23°6′35″	黄壤

表 4-2 小水井土壤样地基本情况

样地编号	群落优势种	海拔（m）	经度	纬度	土壤类型
7	旱冬瓜	2060	102°43′30″	23°7′12″	黄棕壤
8	草地	2010	102°43′38″	23°7′14″	黄棕壤
9	茶树	1960	102°43′48″	23°7′26″	黄棕壤
10	桤木	1940	102°43′47″	23°7′25″	黄棕壤
11	红油果树	1900	102°43′51″	23°7′28″	黄壤
12	杉木	1890	102°43′45″	23°7′27″	黄壤
13	云南松	1840	102°43′56″	23°7′28″	黄壤

4.2.4 土壤样品

在坝达和小水井分别按照不同植被类型进行布点，每种植被类型选取 1 个标准样地，每个样地的面积是 20 m×20 m，共 13 个样地，在各样方里采集土壤。每个标准样地依照 S 形随机选取 5 个点采集土壤合成 1 份混合土壤，采样面积为 15 cm×15 cm，深度分为 0～10 cm、10～30 cm、30～50 cm、50～70 cm、70～90 cm共 5 个土层，密封保存带回实验室。每次处理取 3 个重复的混合土样，共计 195 份混合土壤。

采样时间为 2017 年 11 月，每个标准样地依照 S 形随机选取 5 个点采集土壤合成 1 份混合土壤，样地面积为 15 cm×15 cm，去掉腐殖质层，采集 0～10 cm 的表层土壤，每次处理取 3 个重复的混合土样，共计 39 份混合土壤。

采集过程中保证上下均匀，除去动植物残留体、枯枝落叶、砾石等，且每个点采样土壤原始质量大于 1 kg。每个样地均记录经纬度、海拔和植被类型。采回的土壤一部分经过自然风干，拣去植被根系和石块等处理后研磨过筛，用于测定土壤养分含量，一部分于冰箱保存备用。

4.2.5 分析项目与方法

测试指标如下，具体测定方法参照《土壤农化分析》。

（1）土壤 pH：电位法。

（2）土壤全氮：凯氏定氮法。

（3）土壤碱解氮：碱解扩散法。

（4）土壤全磷：钼锑抗比色法。

（5）土壤有效磷：碳酸氢钠浸提—钼锑抗比色法。

（6）土壤全钾：火焰光度计法。

（7）土壤速效钾：中性乙酸铵提取—火焰光度计法。

（8）土壤总有机碳：重铬酸钾外加热法。

（9）水溶性碳：硫酸钾浸提，重铬酸钾外加热法测定。

（10）易氧化碳：333 mmol/L $KMnO_4$氧化—比色法测定。

（11）颗粒态有机碳：物理分离，重铬酸钾外加热法测定。

4.3 结果与分析

4.3.1 土壤基本化学性质

4.3.1.1 不同植被类型的土壤 pH 值

对坝达、小水井两个研究区不同植被类型土壤 pH 值的结果分析如下。坝达内几种植被类型的土壤 pH 值在 4.11~6.32，呈酸性，其中云南松的土壤 pH 值最高，针叶林的土壤 pH 值高于阔叶林的土壤 pH 值。小水井几种植被类型的土壤 pH 值在 4.38~6.15，亦呈酸性，且 0~10 cm 层土壤 pH 值大小顺序为：草地>茶树>桤木>红油果树>云南松>杉木>旱冬瓜。

4.3.1.2 不同植被类型的土壤氮素

坝达不同植被类型的土壤全氮含量、碱解氮含量见图 4-1、图 4-2。坝达不同植被类型下 0~10 cm 土壤全氮含量：旱冬瓜>草地>五眼果+旱冬瓜>杉木>五眼果>云南松。同一植被类型下土壤全氮含量在垂直分布上呈递减趋势，其中旱冬瓜林下土壤全氮含量的递减趋势最明显。不同植被类型下土壤碱解氮含量占全氮含量的 0.52%~13.22%。云南松林下碱解氮含量低于其他植被类型，可能与该植被类型的立地条件和微生物活动等因素导致土壤有机质的矿化速率降低有关。不同植被类型、不同土层深度的变化规律与全氮量的变化规律基本一致。

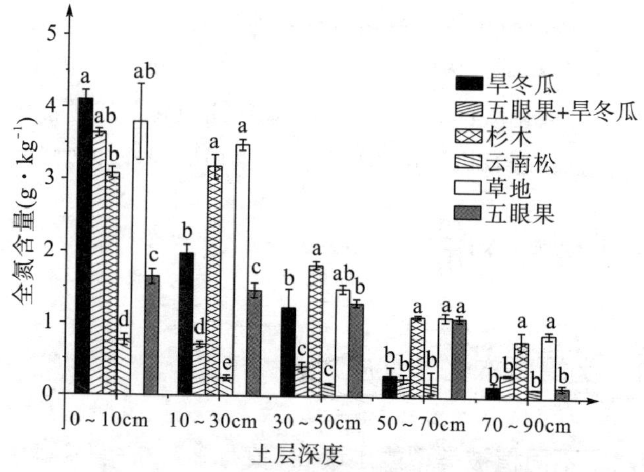

图 4-1　坝达不同植被类型的土壤全氮含量

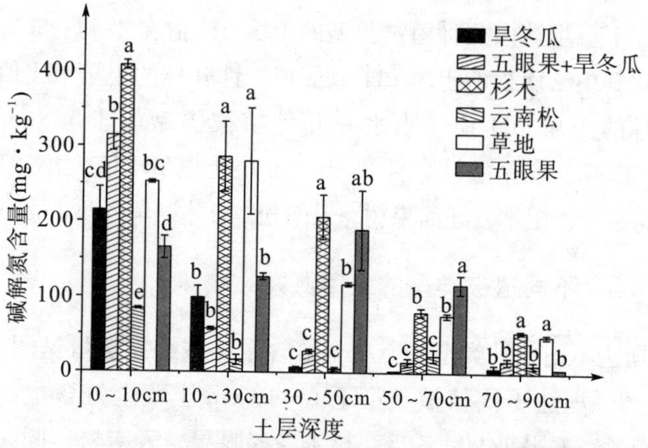

图 4-2　坝达不同植被类型的土壤碱解氮含量

小水井不同植被类型的土壤全氮含量、碱解氮含量见图 4-3、图 4-4。小水井不同植被类型下表层土壤全氮含量：杉木>红油果树>茶树>草地>桤木>云南松>旱冬瓜。同一植被类型下土壤全氮含量总体为：0~10 cm 层>10~30 cm 层>30~50 cm 层>50~70 cm 层>70~90 cm 层。杉木林下土壤全氮含量随土层加深而递减的幅度最大，0~10 cm 层的含量分别为 10~30 cm 层、30~50 cm 层、50~70 cm 层的 3.64 倍、7.73 倍和 15.24 倍。该地区碱解氮含量占总氮含量的 2.06%~14.31%，且其变化规律与全氮含量的变化规律基本一致。云南松林下碱解氮含量明显低于其他植被类型。

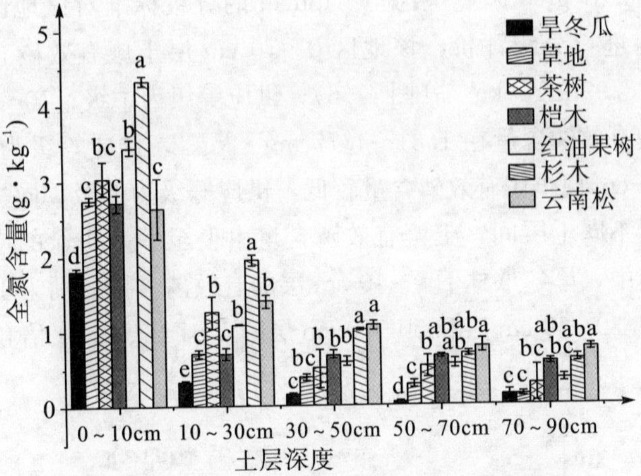

图 4-3　小水井不同植被类型的土壤全氮含量

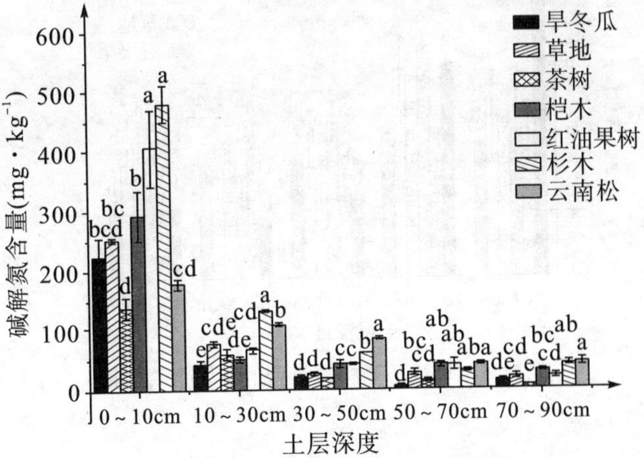

图 4-4　小水井不同植被类型的土壤碱解氮含量

4.3.1.3 不同植被类型的土壤磷素

磷是植物生长必需的营养元素，它以多种途径参与土壤系统的代谢过程，是评价土壤质量的重要指标。研究结果表明（图4—5），坝达研究区不同林分下 0～10 cm 层土壤全磷含量在 0.31～0.81 g・kg^{-1}。根据 Chapman 的分级标准对该地区土壤有效磷进行分级评价，该地区 0～10 cm 层土壤有效磷含量在 2.28～6.99 mg・kg^{-1}（图 4—6），供应等级为中级；10～30 cm 层土壤有效磷含量在 1.81～4.77 mg・kg^{-1}，供应等级为低级；30～90 cm 层土壤有效磷含量较低，供应等级为低级。同一植被类型下不同土层间，土壤有效磷含量由上至下呈明显的递减趋势。其中，旱冬瓜林下 0～10 cm 层的有效磷含量分别为 10～30 cm 层、30～50 cm 层和 50～70 cm 层的 1.47 倍、1.64 倍和 6.03 倍。

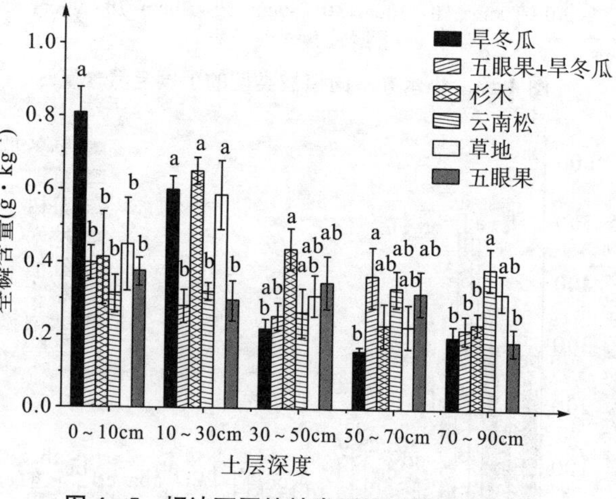

图 4—5 坝达不同植被类型的土壤全磷含量

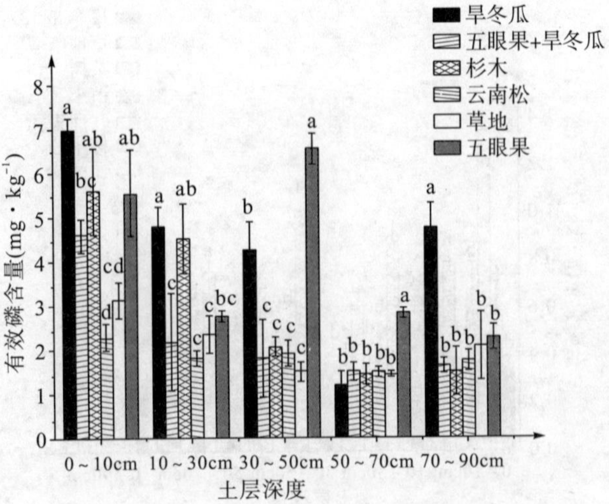

图 4-6 坝达不同植被类型的土壤有效磷含量

小水井研究区不同林分下土壤全磷含量在 0.35~1.35 g·kg^{-1}（图 4-7）。对小水井土壤有效磷含量的研究表明，不同植被类型0~10 cm 层土壤有效磷含量各不相同。杉木下有效磷含量最高，为 8.12 mg·kg^{-1}，云南松下有效磷含量最低，为 2.75 mg·kg^{-1}，前者是后者的 2.9 倍（图 4-8）。同一植被类型土壤有效磷含量在垂直分布上的规律与坝达同一植被类型土壤有效磷含量相同。

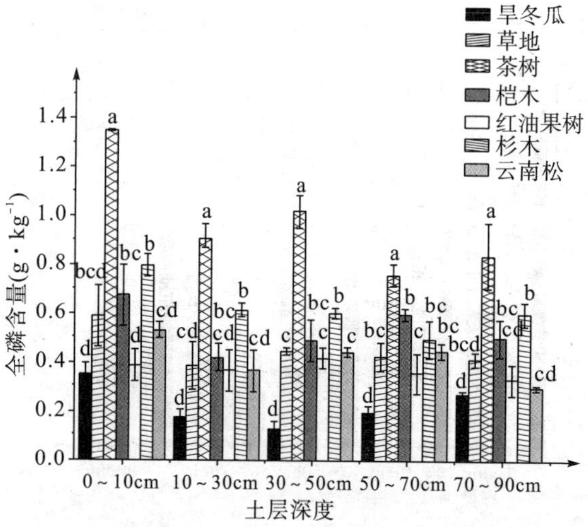

图 4-7　小水井不同植被类型的土壤全磷含量

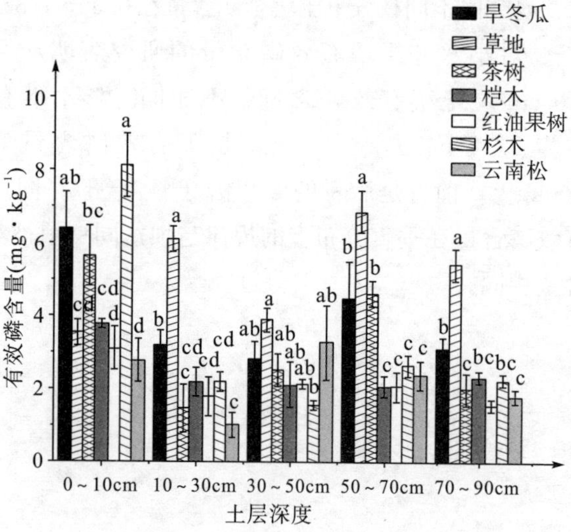

图 4-8　小水井不同植被类型的土壤有效磷含量

4.3.1.4 不同植被类型的土壤钾素

钾是植物营养元素之一，对于森林生态系统生产力和营养维持具有十分重要的意义。钾元素主要以矿物态的形式存在于土壤中，土壤中钾元素的含量及其有效性对于植物的生理活动、植物间的竞争、根系分泌物的碳转换和林木健康具有重要意义。土壤速效钾包括土壤溶液中的钾和吸附在土壤胶体表面的代换性钾，两者均容易被植物吸收利用，常用土壤速效钾来评价土壤钾素养分供应的水平。

坝达不同林分下 0~10 cm 层土壤全钾含量最高的是云南松，为 23.00 g·kg^{-1}，最低的是杉木（图 4-9），为 5.91 g·kg^{-1}。对坝达土壤速效钾含量的测定结果分析可知，不同植被类型的土壤速效钾含量存在显著差异（图 4-10）。不同植被类型各土层，阔叶林的土壤速效钾含量高于针叶林。

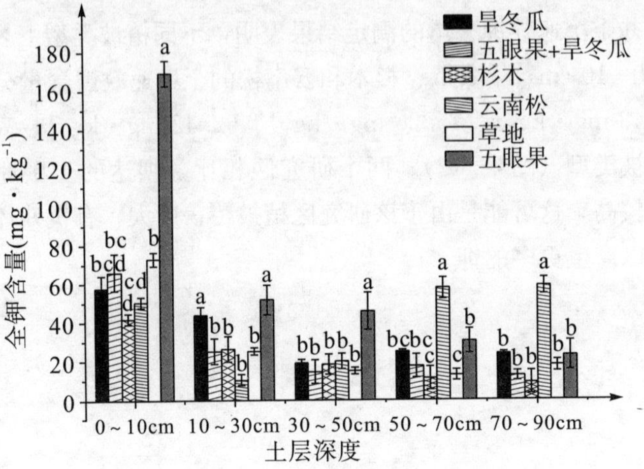

图 4-9 坝达不同植被类型的土壤全钾含量

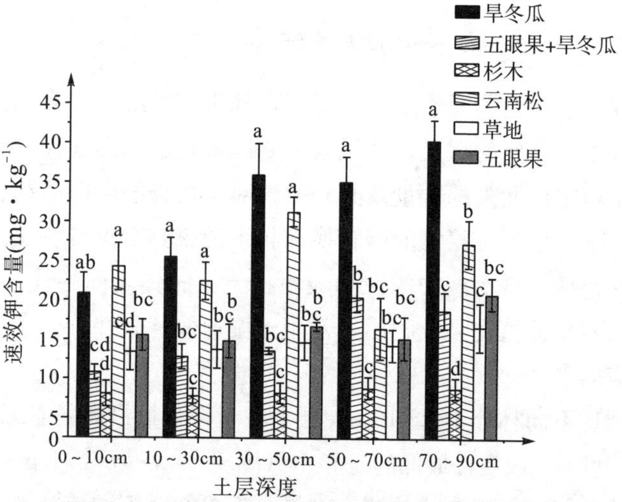

图 4-10　坝达不同植被类型的土壤速效钾含量

小水井不同林分下土壤全钾含量最高的是旱冬瓜（图 4-11），为 12.41 g·kg^{-1}，最低的是云南松，为 3.90 g·kg^{-1}。小水井土壤速效钾含量的测定结果表明，不同植被类型下表层土壤（0～10 cm）旱冬瓜、杉木和云南松的土壤速效钾含量分别为 103.48 mg·kg^{-1}、75.26 mg·kg^{-1}、52.42 mg·kg^{-1}，高于其他植被类型（图 4-12）。两个研究区相比，坝达的土壤速效钾含量较高，这可能是由于该研究区植被覆盖度大，有机残体分解时可以产生更多的钾。

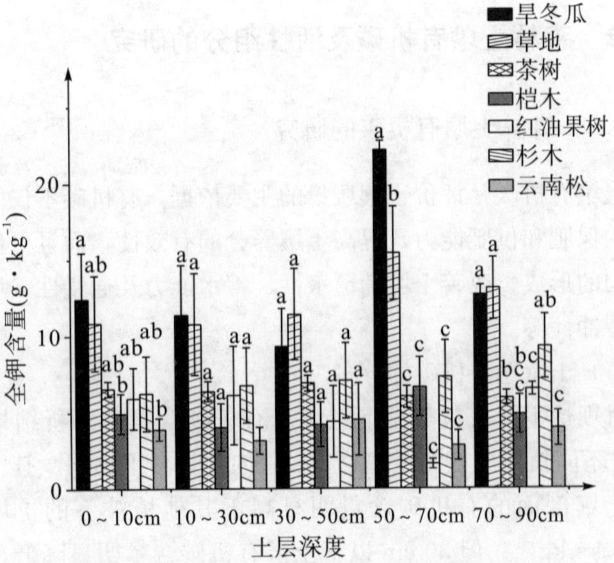

图 4-11 小水井不同植被类型的土壤全钾含量

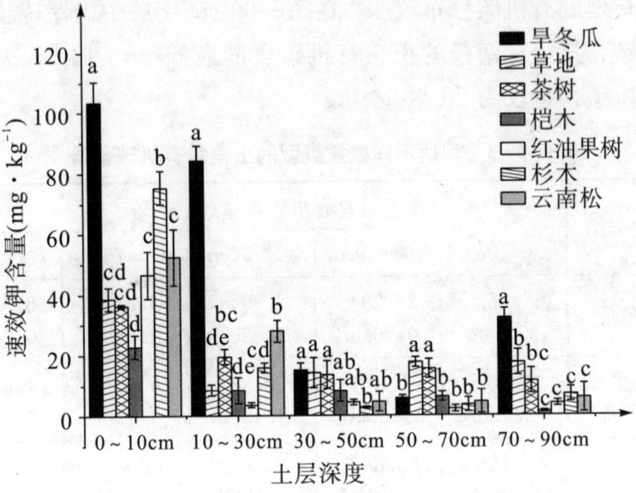

图 4-12 小水井不同植被类型的土壤速效钾含量

4.3.2 森林土壤有机碳及活性组分的研究

4.3.2.1 森林土壤有机碳的研究

土壤有机碳是评价土壤质量的主要依据，有机碳不仅能增强土壤的保肥和供肥能力，提高土壤养分的有效性，而且可促进团粒结构的形成，改善土壤的透水性、蓄水能力及通气性，增强土壤的缓冲性等。

（1）土壤总有机碳的分布。

对坝达不同植被类型下土壤总有机碳含量的分析结果见表4—3。不同植被类型的土壤总有机碳的含量各不相同。其中，旱冬瓜土壤剖面的有机碳含量明显高于其他植被下的土壤，达57.86 g·kg^{-1}；但30 cm以下土层有机碳含量明显降低，表明有机碳主要分布在较浅的土层，可能与其根系分布较浅有关。杉木和草地的有机碳分布较深，在70～90 cm土层中仍保持较高的有机碳含量。云南松的土壤有机碳含量最低，0～10 cm表层土壤有机碳含量仅为20.90 g·kg^{-1}。

表4—3 坝达不同植被类型的土壤总有机碳含量

植被类型	土壤总有机碳含量（g·kg^{-1}）				
	0～10cm	10～30cm	30～50cm	50～70cm	70～90cm
旱冬瓜	57.86±3.44aA	27.28±0.76abB	7.70±0.22cC	5.28±0.58bC	3.52±0.76bC
五眼果+旱冬瓜	49.06±3.04abA	7.15±1.62cB	5.28±1.19cB	4.62±0.87bB	4.62±0.57bB
杉木	40.15±1.54bA	33.88±2.19abA	25.63±2.46aB	13.31±3.66aC	12.65±0.77aC
云南松	20.90±3.14cA	6.16±0.79cB	3.63±0.95cB	3.63±0.38bB	3.52±0.72bB

续表4-3

植被类型	土壤总有机碳含量（g·kg^{-1}）				
	0～10cm	10～30cm	30～50cm	50～70cm	70～90cm
草地	56.43± 3.96aA	37.79± 9.24aB	21.45± 1.91abC	15.51± 3.15aC	15.29± 2.21aC
五眼果	27.50± 2.10cA	23.54± 1.40bAB	20.46± 1.25bBC	16.34± 1.43aC	2.47± 0.86bD

注：同列数据后，凡具有一个相同小写字母者表示同一土层不同林分之间差异不显著（$P>0.05$），同行数据后，凡具有一个相同大写字母者表示同一林分不同土层之间差异不显著（$P>0.05$），下同。

在垂直剖面上，6种林分0～10 cm层的土壤有机碳含量均显著高于其他土层，并随土壤深度的增加逐级递减，旱冬瓜林的这种变化幅度最大，达93.92%，可见土壤有机碳含量在不同土层深度显著不同。方差分析结果表明：在0～10 cm、10～30 cm和30～50 cm这3个土层，有机碳含量差异达到显著性水平。在0～50 cm土层，6种植被类型有机碳含量均占到整个采样剖面的80%左右，说明枯枝落叶分解后输入土壤的有机碳在土壤表层容易聚集。而50 cm以下土层，各植被类型土壤有机碳含量差异变小，这主要是因为研究区土壤成土母质大致相同，此时植被类型的差异对土壤有机碳含量的影响减弱。

对小水井不同植被类型下土壤总有机碳含量的分析结果显示，不同植被类型的0～10 cm层土壤中，杉木林土壤总有机碳含量最高，达60.28 g·kg^{-1}，其次为红油果树、草地，旱冬瓜、茶树、桤木、云南松土壤的总有机碳含量较低（表4-4），这与土壤表层不同植被凋落物的性质有关。云南松剖面有机碳含量较低，且其随剖面深度增加变化较小。桤木的含量最低，仅为37.73 g·kg^{-1}。7种林分类型土壤有机碳含量均随着土层深度增加而减小，其中0～10 cm层土壤的有机碳含量均显著高于其他土层。

表 4-4 小水井不同植被类型的土壤总有机碳含量

植被类型	土壤总有机碳含量（g·kg^{-1}）				
	0～10cm	10～30cm	30～50cm	50～70cm	70～90cm
旱冬瓜	32.12±8.24cA	5.39±0.88eB	3.41±1.05cB	2.53±0.11dB	2.09±0.61dB
草地	40.15±3.06bcA	10.01±0.40dB	5.28±0.83cC	4.62±0.50cdC	3.30±0.19cdC
茶树	38.72±1.44bcA	20.79±1.35bB	8.58±1.34bcC	8.47±1.19abC	4.73±0.90cdC
桤木	37.73±2.29bcA	9.35±1.16dB	7.81±2.74bcB	7.04±0.77bcB	6.71±0.72bcB
红油果树	46.75±1.46bA	12.43±0.29cB	6.82±0.48cC	4.18±0.77cdCD	2.53±0.77dD
杉木	60.28±1.53aA	26.73±0.38aB	14.74±1.88abC	9.24±2.06abD	8.47±0.40abD
云南松	38.50±0.55bcA	19.80±0.00bB	16.83±4.83aBC	11.44±0.94aC	11.11±2.41aC

两个研究区相比，坝达 0～10 cm 层土壤总有机碳含量较高，平均值为 45.86 g·kg^{-1}，这与坝达人为破坏程度较小，有利于有机质积累，而小水井人为破坏程度较大，人工植被恢复的时间相对较短，进入土壤中的有机残体的数量相对较少有关。

（2）土壤总有机碳与土壤理化性质的相关性分析。

坝达森林土壤总有机碳与基本化学性质的相关性分析：土壤有机碳与全氮、碱解氮之间存在极显著的正相关关系（表 4-5），相关系数因树种不同而有所不同。旱冬瓜、草地和五眼果的土壤有机碳与全磷之间存在极显著的正相关关系，杉木的土壤有机碳与全磷之间存在显著的正相关关系，五眼果+旱冬瓜和云南松的土壤有机碳与全磷之间无显著的相关关系。

表 4-5 坝达不同植被类型土壤总有机碳与基本化学性质的相关性

不同植被类型	全氮	碱解氮	全磷	有效磷	全钾	速效钾
旱冬瓜	0.970**	0.946**	0.922**	0.704**	-0.790**	0.884**
五眼果+旱冬瓜	0.988**	0.970**	—	0.751**	-0.757**	0.889**
杉木	0.909**	0.906**	0.607*	0.721**	—	0.850**
云南松	0.789**	0.929**	—	—	—	—
草地	0.718**	0.754**	0.850**	—	—	—
五眼果	0.870**	0.847**	0.648**	0.672**	-0.563*	—

注：—表示无显著相关关系，* 表示显著相关，** 表示极显著相关，下同。

综合所有林分类型来看，小水井土壤有机碳与土壤全钾之间相关性不显著，与土壤全氮、碱解氮和速效钾之间表现为极显著正相关（表 4-6）。杉木林的土壤有机碳含量与化学性质的相关性最强，除全钾外，土壤有机碳含量与其他 5 个土壤化学性质指标均存在极显著的正相关性。旱冬瓜的土壤有机碳含量与土壤全氮、碱解氮、有效磷和速效钾均存在极显著的相关性，与全磷存在显著的相关性。

表 4-6 小水井不同植被类型土壤总有机碳与基本化学性质的相关性

不同植被类型	全氮	碱解氮	全磷	有效磷	全钾	速效钾
旱冬瓜	0.891**	0.973**	0.600*	0.769**	—	0.695**
草地	0.988**	0.981**	—	—	—	0.802**
茶树	0.948**	0.963**	0.770**	—	—	0.893**
桤木	0.973**	0.955**	—	0.729**	—	0.786**

续表4−6

不同植被类型	全氮	碱解氮	全磷	有效磷	全钾	速效钾
红油果树	0.991**	0.940**	—	0.589*	—	0.939**
杉木	0.993**	0.982**	0.771**	0.890**	—	0.960**
云南松	0.868**	0.919**	0.528*	—	—	0.845**

4.3.2.2 森林土壤水溶性有机碳的研究

土壤活性有机碳对温室气体排放的贡献较大，其中水溶性有机碳对气候、土壤和植被的变化极为敏感，其含量直接影响土壤微生物的活性，进而影响土壤的固碳能力。

（1）森林土壤水溶性有机碳的分布。

不同植被类型土壤水溶性有机碳含量为0.04～0.54 $g \cdot kg^{-1}$，在垂直剖面上均表现为随土层深度增加而减少的趋势（表4−7、表4−8）。由方差分析可知，同一土层土壤水溶性有机碳含量在不同植被类型间差异不显著，说明土壤水溶性有机碳含量受植被类型影响不大。

表4−7　坝达不同植被类型土壤水溶性有机碳含量

不同植被类型	土壤水溶性有机碳含量（$g \cdot kg^{-1}$）				
	0～10 cm	10～30 cm	30～50 cm	50～70 cm	70～90 cm
旱冬瓜	0.42±0.08aA	0.22±0.02aB	0.05±0.04bC	0.04±0.01aC	0.04±0.02aC
五眼果+旱冬瓜	0.27±0.05aA	0.16±0.07aA	0.13±0.06abA	0.12±0.06aA	0.10±0.08aA
杉木	0.49±0.31aA	0.30±0.14aA	0.15±0.06 abA	0.12±0.04aA	0.10±0.03aA

续表4-7

不同植被类型	土壤水溶性有机碳含量（g·kg⁻¹）				
	0～10 cm	10～30 cm	30～50 cm	50～70 cm	70～90 cm
云南松	0.37±0.14aA	0.35±0.13aA	0.28±0.13aA	0.26±0.08aA	0.20±0.15aA
草地	0.38±0.14aA	0.28±0.06aA	0.26±0.08abA	0.16±0.04aA	0.12±0.04aA
五眼果	0.32±0.14aA	0.28±0.06aA	0.18±0.15abA	0.17±0.02aA	0.09±0.05aA

表 4-8 小水井不同植被类型土壤水溶性有机碳含量

不同植被类型	土壤水溶性有机碳含量（g·kg⁻¹）				
	0～10 cm	10～30 cm	30～50 cm	50～70 cm	70～90 cm
旱冬瓜	0.46±0.25aA	0.38±0.08aA	0.32±0.10aA	0.27±0.18aA	0.20±0.09aA
草地	0.36±0.27aA	0.30±0.24aA	0.26±0.14aA	0.25±0.15aA	0.16±0.13aA
茶树	0.29±0.05aA	0.19±0.01aAB	0.16±0.01aAB	0.15±0.09aAB	0.06±0.01aB
桤木	0.21±0.15aA	0.18±0.02aA	0.10±0.05aA	0.08±0.02aA	0.06±0.02aA
红油果树	0.33±0.09aA	0.30±0.15aA	0.27±0.15aA	0.27±0.21aA	0.19±0.16aA
杉木	0.54±0.17aA	0.35±0.08aAB	0.30±0.17aAB	0.28±0.05aAB	0.11±0.02aB
云南松	0.29±0.07aA	0.25±0.07aA	0.19±0.05aA	0.15±0.07aA	0.13±0.04aA

（2）森林土壤水溶性有机碳占总有机碳的比率分析。

坝达、小水井土壤水溶性有机碳占总有机碳比率的分析结果见表 4－9、表 4－10。坝达不同植被类型下土壤水溶性有机碳占总有机碳的比率为 0.55%～19.67%。相同植被类型各土层间比率没有明显的规律趋势，说明该比率受到土层深度的影响较小。

表 4-9　坝达土壤水溶性有机碳占总有机碳的比率

不同植被类型	土壤水溶性有机碳含量/总有机碳含量（%）				
	0～10 cm	10～30 cm	30～50 cm	50～70 cm	70～90 cm
旱冬瓜	0.73	0.81	0.61	0.69	1.14
五眼果＋旱冬瓜	0.56	2.28	2.40	2.53	2.24
杉木	1.22	0.89	0.60	0.88	0.79
云南松	1.75	5.68	7.81	7.07	5.78
草地	0.67	0.74	1.20	1.05	0.78
五眼果	1.16	1.18	0.86	1.02	3.64

表 4-10　小水井土壤水溶性有机碳占总有机碳的比率

不同植被类型	土壤水溶性有机碳含量/总有机碳含量（%）				
	0～10 cm	10～30 cm	30～50 cm	50～70 cm	70～90 cm
旱冬瓜	1.42	7.05	9.48	10.67	9.73
草地	0.90	2.96	4.86	5.41	4.95
茶树	0.75	0.91	1.83	1.73	1.34
桤木	0.55	1.96	1.32	1.18	0.89
红油果树	0.70	2.44	4.01	6.54	7.51
杉木	0.90	1.32	2.01	3.07	1.26
云南松	0.74	1.28	1.15	1.34	1.20

4.3.2.3 森林土壤易氧化有机碳的研究

易氧化有机碳是土壤有机碳中周转最快的组分，是土壤有机质动态变化的敏感性指标，能够反映土壤有机质的早期变化，常被用于表征土壤肥力的变化。

（1）森林土壤易氧化有机碳的分布。

坝达不同植被类型土壤易氧化有机碳含量为 0.77～12.23 g·kg^{-1}，在同一植被类型中，土壤易氧化有机碳含量以表层0～10 cm最高（表4-11），70～90 cm最小，在垂直剖面上与水溶性有机碳的变化趋势一致。除了50～90 cm层土壤易氧化有机碳含量在各植被类型间差异不显著，其余各层植被类型间存在显著性差异，说明0～50 cm层土壤易氧化有机碳含量受植被类型的影响大，而下层土壤受到的影响小。

表4-11 坝达不同植被类型的土壤易氧化有机碳含量

不同植被类型	土壤易氧化有机碳含量（g·kg^{-1}）				
	0～10 cm	10～30 cm	30～50 cm	50～70 cm	70～90 cm
旱冬瓜	12.23±1.18abA	5.07±0.88cB	2.25±0.61bcC	1.90±0.72aC	1.12±0.46aC
五眼果+旱冬瓜	14.25±0.51aA	3.64±1.38cdB	1.70±0.86cB	1.18±0.71aB	1.06±0.03aB
杉木	9.58±1.02bA	8.10±0.50abA	4.23±1.37abcB	1.30±1.12aBC	0.93±0.71aC
云南松	5.02±1.16cA	1.60±0.19dB	1.52±0.18cB	0.98±0.28aB	1.35±0.19aB
草地	10.61±0.53bA	10.49±0.96aA	6.24±0.91aB	3.39±1.03aB	2.82±1.59aB
五眼果	9.92±0.77bA	6.07±0.96bcB	5.05±1.34abBC	2.79±1.14aCD	0.77±0.46aD

小水井各植被类型土壤易氧化有机碳含量为 0.57～15.02 g·kg^{-1}，在垂直剖面上与水溶性有机碳的变化趋势一致（表 4－12）。除了茶树各土层间易氧化有机碳含量差异不显著，其余林分不同土层间均存在显著性差异，且 0～10 cm 表层土壤易氧化碳含量显著高于以下土层。不同植被类型同土层相比较而言，0～10 cm 各植被类型土壤易氧化有机碳含量差异显著，10～30 cm 和 30～50 cm 层各植被类型土壤易氧化有机碳含量差异不显著，这表明表层土壤易氧化有机碳含量易受到植被类型的影响。

表 4－12　小水井不同植被类型的土壤易氧化有机碳含量

不同植被类型	土壤易氧化有机碳含量（g·kg^{-1}）				
	0～10 cm	10～30 cm	30～50 cm	50～70 cm	70～90 cm
旱冬瓜	5.48±0.74cdA	1.86±0.46aB	1.35±0.20aB	0.86±0.15bB	0.57±0.27bB
草地	8.92±1.05bcA	2.48±0.24aB	1.68±0.22aBC	1.51±0.31bBC	0.57±0.08bC
茶树	4.79±1.83dA	3.90±2.37aA	2.65±0.99aA	1.29±0.20bA	0.86±0.35abA
桤木	8.39±1.65bcdA	2.16±1.68aB	1.70±0.14aB	1.44±0.23bB	1.19±0.45abB
红油果树	11.58±0.83abA	2.80±2.62aB	1.28±0.41aB	0.96±0.43bB	0.85±0.31abB
杉木	15.02±0.89aA	5.98±0.53aB	2.73±0.53aC	2.48±0.07aC	2.07±0.67aC
云南松	7.37±0.40cdA	4.85±2.38aAB	2.16±0.62aB	1.54±0.39bB	1.44±0.34abB

（2）森林土壤易氧化有机碳占总有机碳的比率分析。

对坝达土壤易氧化有机碳占总有机碳比率的分析结果表明，

不同植被类型同一土层间 0～10 cm 层的变化规律：五眼果＞五眼果+旱冬瓜＞云南松＞杉木＞旱冬瓜＞草地（表 4-13）。该地区 0～10 cm 层土壤易氧化有机碳占总有机碳的比率为 18.80%～36.97%，10～30 cm 层为 18.57%～50.86%，30～50 cm 层为 16.52%～41.87%，50～70 cm 层为 9.77%～36.05%，70～90 cm层为 7.35%～38.45%。在相同植被类型各土层间，易氧化有机碳含量占总有机碳含量的比率受土壤深度影响较小。

表 4-13 坝达土壤易氧化有机碳占总有机碳的比率

不同植被类型	土壤易氧化有机碳含量/总有机碳含量（%）				
	0～10 cm	10～30 cm	30～50 cm	50～70 cm	70～90 cm
旱冬瓜	21.14	18.57	29.26	36.05	31.82
五眼果+旱冬瓜	29.05	50.86	32.13	25.61	22.94
杉木	23.85	23.90	16.52	9.77	7.35
云南松	24.04	26.03	41.87	26.91	38.45
草地	18.80	27.76	29.09	21.84	18.47
五眼果	36.07	25.80	24.68	17.10	30.98

对小水井土壤易氧化有机碳占总有机碳比率的分析结果表明，不同植被类型同一土层间 0～10 cm 层的变化规律：杉木＞红油果树＞桤木＞草地＞云南松＞旱冬瓜＞茶树（表 4-14）。该地区 0～10 cm 层土壤易氧化有机碳占总有机碳的比率为 12.37%～24.92%，10～30 cm 层为 18.74%～34.57%，30～50 cm层为 12.83%～39.49%，50～70 cm 层为 13.46%～34.12%，70～90 cm 层为 12.93%～33.47%。小水井土壤易氧化有机碳占总有机碳的比率较坝达小，土壤碳库较稳定。

表 4-14 小水井土壤易氧化有机碳占总有机碳的比率

不同植被类型	土壤易氧化有机碳含量/总有机碳含量（%）				
	0～10 cm	10～30 cm	30～50 cm	50～70 cm	70～90 cm
旱冬瓜	17.05	34.57	39.49	34.12	27.27
草地	22.21	24.81	31.76	32.61	17.27
茶树	12.37	18.74	30.85	15.27	18.25
桤木	22.24	23.10	21.72	20.50	17.73
红油果树	24.77	22.55	18.72	23.05	33.47
杉木	24.92	22.38	18.52	26.84	24.40
云南松	19.15	24.51	12.83	13.46	12.93

4.3.2.4 森林土壤颗粒态有机碳的研究

颗粒态有机碳是由土壤中动、植物半分解形成的产物，生物活性较高，属于土壤中不稳定的有机碳库。土壤中颗粒态有机碳含量越高，所占比例越高，土壤碳库系统越不稳定。颗粒态有机碳是指与 53～2000 μm 砂粒结合的有机碳库中的慢库部分，周转期为 5～20 年，一般通过物理分组方法获得。应用物理分组方法提取颗粒态有机碳能够基本保留有机质原结构，具有反映原状有机质结构和功能的作用，特别能够反映有机质周转特征，所以这种方法在土壤颗粒态有机碳的研究中得到了广泛的应用。

（1）森林土壤颗粒态有机碳的分布。

不同植被类型的土壤颗粒态有机碳含量为 0.95～43.28 $g \cdot kg^{-1}$，显著高于土壤水溶性有机碳、易氧化有机碳含量（表 4-15）。坝达不同植被类型同一土层间土壤颗粒态有机碳含量差异显著，这可能与该地区植被类型的根系分布较深相关。小水井不同植被类型间土壤颗粒态有机碳含量方差分析显示，仅 0～

50 cm层差异显著，50～90 cm 深层土壤颗粒态有机碳含量差异不显著，表明该地区不同植被类型对土壤颗粒态有机碳的影响主要是在0～50 cm 的浅层土壤（表4－16）。在同一植被类型中，土壤颗粒态有机碳含量以表层0～10 cm 最高，70～90 cm 层最小。坝达地区旱冬瓜下土壤颗粒态有机碳含量下降趋势最大，0～10 cm 表层土壤颗粒态有机碳含量高于70～90 cm 层，达45.56倍。小水井土壤颗粒态有机碳含量垂直下降趋势较小。

表4－15　坝达不同植被类型的土壤颗粒态有机碳含量

不同植被类型	土壤颗粒态有机碳含量（g·kg^{-1}）				
	0～10 cm	10～30 cm	30～50 cm	50～70 cm	70～90 cm
旱冬瓜	43.28±1.03aA	20.16±4.12bB	4.04±0.14bcC	3.22±0.73bC	0.95±0.53bC
五眼果＋旱冬瓜	20.76±4.15bA	2.81±1.10dB	2.24±0.38cB	1.31±0.44bB	1.17±0.33bB
杉木	18.62±2.41bA	17.77±2.10bA	10.81±4.14aAB	4.48±1.63bBC	1.66±0.17abC
云南松	16.38±1.63bA	4.56±1.13dB	1.99±0.37cBC	1.70±0.51bBC	1.03±0.28bC
草地	38.83±6.46aA	31.95±0.14aA	5.91±2.09abcB	3.79±1.51bB	2.72±0.61aB
五眼果	13.44±2.60bA	11.28±1.04cA	9.47±0.18abA	9.29±1.86aA	1.03±0.29bB

表4－16　小水井不同植被类型的土壤颗粒态有机碳含量

不同植被类型	土壤颗粒态有机碳含量（g·kg^{-1}）				
	0～10 cm	10～30 cm	30～50 cm	50～70 cm	70～90 cm
旱冬瓜	16.50±5.02bA	4.73±1.14bB	2.77±0.58bcB	1.69±0.07aB	1.66±0.04aB

续表4－16

不同植被类型	土壤颗粒态有机碳含量（g·kg^{-1}）				
	0～10 cm	10～30 cm	30～50 cm	50～70 cm	70～90 cm
草地	18.43±4.06bA	2.68±0.70bB	2.41±0.26bcB	2.06±0.37aB	1.97±1.05aB
茶树	16.99±1.69bA	4.67±2.25bB	4.59±1.61abB	1.78±0.47aB	1.36±0.50aB
桤木	32.29±0.18abA	2.72±1.07bB	1.83±0.43cB	1.70±0.45aB	1.36±0.16aB
红油果树	41.49±1.70aA	3.16±1.07bB	1.99±0.15bcB	1.86±0.18aB	1.50±0.16aB
杉木	22.26±12.82bA	13.02±2.10aAB	4.13±0.45abcAB	2.95±0.56aAB	2.18±0.36aB
云南松	19.83±5.40bA	6.52±1.93bB	5.65±0.99aB	2.76±0.25aB	2.19±0.18aB

（2）森林土壤颗粒态有机碳占总有机碳的比率分析。

坝达不同植被类型土壤颗粒态有机碳占总有机碳的比率为13.12%～78.35%。在0～50 cm层土壤，五眼果、旱冬瓜土壤颗粒态有机碳所占比例较高，表明这两种植被类型0～50 cm浅层土壤颗粒态有机碳含量较大（表4－17）；70～90 cm层，五眼果土壤颗粒态有机碳含量所占比例最高，表明五眼果下土壤颗粒态有机碳分布较深。各植被类型不同土层间土壤颗粒态有机碳分配比例无显著性差异。

表4－17　坝达土壤颗粒态有机碳占总有机碳的比率

不同植被类型	土壤颗粒态有机碳含量/总有机碳含量（%）				
	0～10 cm	10～30 cm	30～50 cm	50～70 cm	70～90 cm
旱冬瓜	74.79	73.91	52.42	60.93	26.96

续表4－17

不同植被类型	土壤颗粒态有机碳含量/总有机碳含量（%）				
	0～10 cm	10～30 cm	30～50 cm	50～70 cm	70～90 cm
五眼果＋旱冬瓜	42.32	39.35	42.33	28.43	25.25
杉木	46.38	52.45	42.16	33.68	13.12
云南松	78.35	74.08	54.91	46.88	29.17
草地	68.82	84.56	27.57	24.41	17.81
五眼果	48.88	47.92	46.27	56.87	41.75

小水井不同植被类型土壤颗粒态有机碳占总有机碳的比率为19.67%～88.75%。在0～10 cm表层土壤，桤木、红油果树土壤颗粒态有机碳所占比例较高，随着土层深度的下降，比率下降的趋势也最大（表4－18）。旱冬瓜在10～90 cm层土壤颗粒态有机碳所占比例最高，表明旱冬瓜下土壤颗粒态有机碳分布较深。各植被类型不同土层间土壤颗粒态有机碳分配比例无显著性差异。

表4－18　小水井土壤颗粒态有机碳占总有机碳的比率

不同植被类型	土壤颗粒态有机碳含量/总有机碳含量（%）				
	0～10 cm	10～30 cm	30～50 cm	50～70 cm	70～90 cm
旱冬瓜	51.36	87.69	81.37	66.67	79.59
草地	45.89	26.77	45.55	44.66	59.80
茶树	43.89	22.45	53.54	21.01	28.68
桤木	85.58	29.13	23.39	24.15	20.27
红油果树	88.75	25.40	29.13	44.50	59.42
杉木	36.92	48.72	28.04	31.91	25.73
云南松	51.50	32.93	33.55	24.13	19.67

4.4 讨论

生态系统的空间结构和层次结构是其重要特征。没有空间结构，生态系统功能就无法实现。土壤性质的空间变化在区域尺度和中小尺度上都很常见。土壤有机碳的空间分布特点主要有两个方面：一是随植被类型和地理位置变化，二是在垂直方向上随土壤深度变化。元阳梯田景区森林大样地不同层次土壤有机碳都存在一定程度的空间异质性。

4.4.1 森林土壤基本化学性质

由于土壤表层养分浓度较高，当前报道大多集中在对表层土壤养分进行研究。文波龙等人对元阳梯田景区土壤的养分垂直分布规律进行了研究；许圆圆等人对元阳梯田景区不同森林群落状态下的土壤中氮、磷元素的含量分布及其循环进行了研究，但对森林土壤的养分特征的研究并不完备。本章不但研究了氮素和磷素，同时重点研究了有机碳及其活性组分的分布，并对研究区内不同林分下 0～90 cm 不同土层的土壤养分含量做出了探讨。蒋文伟等人的相关研究表明，森林植被类型对土壤养分会产生影响。不同植被类型的根系深度、土壤养分吸收能力和吸收深度不同，不同植被类型的土壤养分特征也不同。本研究比较分析了不同植被类型下坝达、小水井土壤养分的差异并进行深入研究，得出结论：植被类型对于森林土壤养分的分布具有显著影响。张继平等人的研究也证明，在同一土壤剖面内，不同森林植物群落的养分含量差异显著。总土壤有机碳含量和氮素含量整体表现为阔叶林>针叶林，这与杨丽霞的有关研究得出的结论一样。根据全国第二次土壤普查的土壤养分分级标准，研究区内土壤全氮含量最高，处于丰富水平，碱解氮含量与全氮含量相关，介于

84.58～480.08 mg·kg^{-1}；土壤磷元素含量较低，处于缺乏水平；土壤钾元素含量最低，处于贫乏水平。

4.4.2 森林土壤中有机碳含量

4.4.2.1 森林土壤总有机碳含量

土壤有机碳含量可以通过土壤碳丰富度来判断。一般情况下，最外层的土壤中有机碳浓度相对较高，而较深层土壤的有机碳浓度更能表示碳储量，对固碳具有重要意义。当最上层土壤的有机碳浓度变高，含量达到饱和点之后，即超过土壤吸收额外有机碳的能力时，有机物会自行分解，变成可溶性有机碳做深入土壤的运动。而深层土壤的有机碳浓度低，有机碳可以继续储存在这里，使整个土壤剖面的有机碳含量增加。可以看出，外部环境的变化不仅会影响表层土壤有机碳含量，而且对深层土壤有机碳含量有着深刻的影响。本章不仅对最外层（0～10 cm）的土壤有机碳进行了研究，而且对表层以下（10～90 cm）的土壤有机碳分布进行了探讨。

植被类型主要通过凋落物的数量和质量以及根系作用来实现对土壤中有机碳含量的影响。森林中的凋落物、灌木和草本植物等不同类型植被因素影响下的土壤有机碳分布不同。对研究区的调查发现，不同植被类型下的土层有机碳含量明显不同，因此，植被类型与土壤有机碳含量有关。在土壤有机碳垂直剖面上，不同植被类型的土壤有机碳含量随着土壤深度的增加而下降，不同层间的有机碳储存量不同。多数有机碳含量在 30～90 g·kg^{-1}，其分布深度多集中在 50cm 以内，超过此层次，有机碳含量急剧减少。本研究所有植被类型土壤剖面的有机碳含量超过 80%集中在土壤 0～50 cm 这一层，这可能与植物根系和土壤中残留凋落物在这个深度导致相对活跃的生物分解有关，所以有机碳的积累相对较多。

4.4.2.2 森林土壤有机碳活性组分

由于有机碳活性组分在土壤环境中容易发生氧化分解，因此可以直接与土壤生物进行化学转化。土壤中的微生物含量越高，土壤有机碳活性就越强，就会更加不稳定。Smolander 研究发现，针叶林土壤中水溶性有机碳与阔叶林土壤相比，明显更少。Dvaid 的研究结果恰恰相反。经过方差分析，研究区水溶性有机碳含量在不同植被类型下没有显著差异性。

森林土壤水溶性有机碳的主要来源一方面是残枝落叶，另一方面是根的分泌物。土壤有机质、水溶性有机碳与土壤有机碳总含量，通常保持动态平衡，在一定条件下，可以相互转化。姜培坤等关于不同植被类型下土壤活性有机碳的研究表明，土壤水溶性有机碳从上到下在不同植被类型的影响下，占总有机碳的比例呈上升趋势。这与本次研究中旱冬瓜、草地和红油果树的规律相同。徐秋芳等通过研究不同森林土壤水溶性有机碳在剖面中的垂直变化规律，了解到土壤水溶性有机碳在 20～40 cm 与 40～60 cm层含量变化不大，常绿阔叶林减少不到 5%，杉木林减少不到 10%，马尾松增加 10%以上，而水溶性有机碳的垂直变化规律在不同植被类型中是不同的。

能够反映土壤有机碳稳定性的指标是土壤易氧化有机碳含量。由于不同林分凋落物和根系分泌物的数量、化学组成和根系分布存在差异，不同类型植被的易氧化有机碳含量也有巨大的差异，易氧化有机碳的形成条件也有很大的不同。不同植被类型下整个土壤剖面的易氧化有机碳的含量是不同的，其含量与土壤的深度成反比，这与赖家明等对不同改造设施下马尾松森林土壤活性有机碳影响的研究结果是相同的，主要原因是在土壤深度增加的条件下，有机碳驻留的时间与其有效性成反比。

土壤有机碳颗粒的比例是决定土壤碳库稳定性的主要因素。土壤有机碳颗粒与土壤碳库的稳定性成反比。在本研究中，土壤颗粒态有机碳含量与其他活性有机碳组分相比具有明显的数量优势，是土壤的主要活性有机碳库，能更好地反映土壤有机碳活性。研究区相同植被类型各土层间，土壤颗粒态有机碳占总有机碳的比率受到土层深度的影响，这与王觅对京西山区森林土壤颗粒态有机碳的研究结果一致。

4.5　小结

（1）不同植被类型对土壤养分指标的影响存在一定的差异。研究区土壤整体为酸性。研究区内土壤氮元素的含量最高，处于丰富水平；磷元素含量较低，处于缺乏水平；钾元素含量最低，处于贫乏水平。

（2）不同植被类型对土壤总有机碳、水溶性有机碳、易氧化有机碳以及颗粒态有机碳的含量有一定的影响。同一植被类型下不同土层间土壤总有机碳、水溶性有机碳、易氧化有机碳及颗粒态有机碳的含量差异极显著或显著。不同土层土壤总有机碳含量随土层深度的增加呈递减趋势，水溶性有机碳、易氧化有机碳、颗粒态有机碳与其变化规律一致。

（3）不同植被类型下土壤活性有机碳在垂直分布上呈显著递减趋势。土壤活性有机碳含量与总有机碳含量显著相关，且不同植被类型土壤颗粒态有机碳含量显著高于土壤水溶性有机碳、易氧化有机碳含量。

（4）森林土壤有机碳不同组分之间的相关性分析表明：土壤有机碳含量与全氮含量、碱解氮含量之间存在极显著的正相关关系。土壤活性有机碳中，易氧化有机碳和颗粒态有机碳较土壤总有机碳对环境变化更为敏感。

5　森林生态系统保护的生态补偿机制

5.1　研究概况

随着我国社会经济的快速发展，生态环境问题已经成为阻碍发展的瓶颈。为此，党和政府采取了一系列加强生态保护的政策措施，有力地推进了生态环境的改善。但在实施过程中，执行者深刻认识到生态保护存在着结构性的政策缺位，这使得生态经济效益分配不公平，受益者无偿占有生态效益，保护者得不到应有的经济激励。为避免社会发展过程中生态保护与经济发展关系扭曲，解决生态建设中利益相关者之间分配不公平的问题，生态补偿这一概念应运而生。作为一项环境管理措施，生态补偿研究得到了广泛关注，围绕补给谁、谁来补、补多少和怎么补等问题，展开了一系列理论和方法的探讨。研究的趋向是制定一个兼顾各个利益相关群体的生态补偿机制。

5.1.1　生态补偿的内涵

国际上“生态补偿”的通用名称是“生态/环境服务付费”(Payments for Ecological/Environmental Services，PES)，即因享有和使用生态服务这一产品，故要支付费用。其含义与当前国内生态补偿概念比较接近，其实质是对各种生态环境服务的使用支付费用，激励人们保护生态环境的行为。这种激励措施还可以为提供生态服务的贫困地区带来额外的收入，以改善生态服务提供者的生计。

国内具有代表性的生态学意义上的生态补偿概念是1991年《环境科学大辞典》上提出的，即自然生态补偿，是指生物有机体、种群、群落或生态系统受到干扰时，所表现出来的缓和干扰、调节自身状态使生存得以维持的能力，或者可以看作生态负荷的还原能力。由于生态建设和经济发展的需要，生态补偿的内涵随着社会发展也发生了变化。Cupeurs等将生态补偿定义为在发展中对生态功能和质量所造成损害的一种补助，这些补助的目的是提高受损地区的环境质量或者用于创建新的具有相似生态功能和环境质量的区域。时至今日，生态补偿已从仅对破坏的补偿，延伸到对生态保护的奖励。国内毛显强等从外部性角度，王金南等从环境管理和政策角度，李文华等从生态学、经济学等多学科角度，提出生态补偿的概念。

李文华院士等人对生态系统服务功能付费和生态效益补偿两个相关概念在内涵上存在的交叉和细微差别进行了比较，对生态补偿概念进行了梳理，提出生态补偿是用经济手段激励人们对生态系统服务功能进行维护和保育，解决由市场失灵造成的生态效益的外部性问题并保持社会发展的公平性，达到保护生态和环境效益的目标。目前国内最新的生态补偿定义是《生态补偿条例》中提出的，各级政府和生态受益者、损害者通过资金补助、项目支持、政策优惠等方式弥补生态保护者、受损者的损失。

5.1.2 生态补偿的理论基础

生态补偿实践的前提是认识生态环境特征及其价值理论。其理论基础包括生态公共产品属性、生态资本理论、外部性理论、生态系统服务功能价值理论、效率与公平理论。以上基于生态经济学的理论体现了生态系统服务作为一种公共产品所具有的外部性和稀缺性，同时具有社会、经济和生态价值。

生态系统服务是指生态系统与生态过程所形成及所维持的人类赖以生存的自然环境条件与效用。1997 年，Costanza 等人将生态系统服务分为气体调节、气候调节、扰动调节、水调节、水供给、控制侵蚀和保持沉积物、土壤形成、养分循环、废物处理、传粉、生物控制、避难所、食物生产、原材料、基因资源、休闲、文化娱乐共 17 种类型。2005 年，根据联合国“千年生态系统评估”（Millennium Ecosystem Assessment，MEA）项目，生态系统服务分为供给服务、调节服务、文化服务和支持服务等。

生态系统提供的商品和服务代表着人类直接或间接从生态系统得到的利益。长期以来，人们只注重生态系统为人类提供的商品价值（食物、木材、海鲜和饮水资源等），而生态系统同时具有公共物品特性，为人类提供生态服务（如气候调节、废物处理、景观娱乐等），具有间接使用价值和非使用价值，这些价值很大一部分都未能进入市场得到实现。这就需要通过生态补偿机制将生态效益的外部性内部化，实现生态价值，才能体现利益相关者之间的公平性。

当传统的经济评估在公共管理机制中不能很好地反映生态破坏和环境污染所带来的损失时，对生态系统服务进行价值评估就具有特殊的作用。如果自然资源保护或恢复政策的制定没有经济学中价值概念的指导，可能导致资源的浪费和过度使用。只有在承认生态系统服务存在价值，对其进行准确评估和量化的基础上，才能为生态补偿标准的制定提供依据，对生态服务提供者合理付费。

5.1.3 生态补偿的国外研究进展

国外生态补偿实践最早，其有关政策和法律依据也比较完善。从20世纪30年代起，美国的土地休耕计划、欧洲的农业补偿政策，都旨在使环境的外部性内部化。随着研究的深入，国外生态补偿涉及的领域愈加宽泛，主要有流域水环境管理、农业环境保护、植树造林、生物多样性保护、碳排放交易等。根据所提供的生态服务的种类及其作用范围，可将生态补偿划分为流域、区域、国家、全球等尺度。国际上开展的生态补偿主要以4种类型进行实践，即直接公共补偿、限额交易计划、私人直接补偿和生态产品认证计划。最具代表性的生态补偿实践是哥斯达黎加、哥伦比亚、厄瓜多尔、墨西哥等拉丁美洲国家开展的环境服务付费（PES）项目。其中哥斯达黎加水电公司对上游植树造林的支付，成为全球环境服务支付项目的先导；哥伦比亚考卡河流域灌溉者协商对调节河流径流的支付；德国和捷克达成双边协议，共同整治贯穿于两国的易北河流域，并由下游德国对上游捷克进行生态补偿支付。这些都是典型的流域生态补偿实践。在亚洲地区，日本是进行生态补偿研究较早的国家，其1972年制定的《琵琶湖综合开发特别措施法》，对水源区综合利益补偿机制的建立提出了切实可行的措施。1973年日本制定的《水源地区对策特别措施法》，通过“水源地区对策基金”对水源区实行有效补偿，其生态补偿较早地进入了法律层面。

生态补偿在农业环境保护中也被广为应用。加拿大联邦政府在“永久性草原覆盖恢复计划”中，由农业部向土地所有者提供管理费用并补偿他们的损失。美国的保护与储备计划、环境质量激励项目，以及欧盟的农业环境保护项目都采取了补偿措施。在生态补偿实践中，欧盟通过过程监控实现环境目标，或允许农户介入交易过程，如德国巴伐利亚州农业景观项目就是按照农户采取的具体农业措施进行补偿。

通过对国外各个领域的生态补偿成功案例的研究发现，国外的生态补偿注重区域差异，注重补偿效益，对补偿区域范围、机会成本及利益相关方的补偿意愿都进行了具体分析，尽量避免补偿标准过于统一和补偿资金不足导致的低效或无效补偿问题。国外运用生态补偿政策实现环境保护行为的可持续性、环境目标的可达性具有较好的效果。其对我国目前的生态补偿机制构建具有重要的借鉴意义。

5.1.4 生态补偿的国内研究进展

国内对生态补偿的研究始于20世纪80年代，至今仍是研究热点，逐渐由理论性、政策性研究转入定量化研究。国内一些学者针对生态补偿理论及政策进行了研究。按照可持续发展理论和公平原则，宗臻玲等人认为，生态补偿应包括内部补偿、外部补偿和代际补偿；从补偿方式多样化考虑，洪尚群等将生态补偿分为政策补偿、实物补偿、智力（技术）补偿和现金补偿。这为我国生态补偿实践提供了一定的理论指导。

在多种类型的生态补偿中，国内学者对森林生态补偿研究较多，其实践探索最早在四川成都。1989年国家林业局在四川召开了第一个有关森林生态补偿的研讨会；经过不断探索，已经陆续进行了相关法律法规的修改和制定，并于1999年在陕西、甘肃、四川三省开展退耕还林（还草）试点工作；2001年中央财政设立了“森林生态效益补助资金”；2004年12月，《中央森林生态效益补偿基金制度》正式确立并在全国范围内全面实施。森林生态效益补偿取得显著成效，但也存在诸多不足，如补偿标准过低、补偿不到位、交易成本高、主体不明确、缺乏市场机制等。

随着环境资源与人类发展的矛盾日益突出，生态补偿的研究和实践领域不断扩展。目前国内对生态补偿机制的研究主要集中在森林与自然保护区、流域、生活饮用水水源保护区、矿产资源开发区等方面。生态补偿实践主要有以下几种。

（1）森林生态效益补偿：包括天然林保护工程、三北防护林建设、退耕还林（还草）工程、环北京地区防沙治沙工程、野生动物保护及自然保护区建设、重点地区速生丰产林建设。其中，对涉及天然林保护工程的18个省（自治区、直辖市）的0.73亿公顷天然林的总投入达到1064亿元；退耕还林补偿，范围涉及长江上游地区和黄河中上游地区的25个省（自治区、直辖市）和新疆生产建设兵团，总投入1030亿元；重点生态公益林补偿，涵盖面积为0.26亿公顷，总投入50亿元。

（2）流域生态补偿：主要是城市饮用水源地保护和小流域上下游间的生态补偿，如北京市对密云水库和官厅水库水源地的补偿，广东省东江源区的财政转移支付与加收水电管理费相结合的补偿模式，安徽省新安江流域的共建共享模式，浙江省金华—磐安异地开发补偿模式等。

（3）矿产资源开发生态补偿：包括矿产资源税、矿产资源补偿费、矿山开发押金等。

（4）区域生态补偿：主要是中央向西部地区的财政转移支付，用于西部建设的中央基本建设基金和国债资金。还有小尺度的生态补偿，如浙江省德清县、桐庐县的生态补偿长效机制。

5.1.5 生态补偿标准研究现状

在生态补偿政策制定过程中，补偿标准的确定是其核心和关键，关系到生态补偿政策能否被利益相关者接受，项目能否顺利实施。补偿标准核算的最重要的作用是确定生态服务受益方和提供方的补偿量和分配。除了条件价值评估法，目前国内研究还运用生态服务价值法、生态建设成本法、市场价格法对生态补偿标准进行核算。以机会成本作为补偿标准的下限，以生态服务功能价值作为补偿标准的上限，这在国内外基本达成共识。

(1) 市场价格法。

市场价格法就是把生态系统服务价值货币化，将其看作一种可以买卖的商品，这种生态服务项目的定价需要具有很强的市场属性。市场价格法确定补偿标准主要用于流域上下游的水资源交易和国际碳排放交易。根据水量大小、水质优劣来判定是上游向下游补偿，还是下游向上游补偿。计算公式如下：

$$P = Q \times C_c \times \delta \qquad (5-1)$$

式中，P 为补偿量，Q 为调配水量，C_c为水资源价格，δ 为判定系数。其中，δ 取值为：当上游供水水质好于Ⅲ类时，$\delta=1$；当水质劣于Ⅴ类时，$\delta=-1$；否则，$\delta=0$。

(2) 生态服务价值法。

生态服务价值法是基于生态保护地提供的生态服务来确定补偿标准，其核心内容是综合运用市场价值法、机会成本法、旅行费用法、享乐价格法、替代成本法、碳税法等方法对生态系统服务价值进行评估，再进一步确定生态补偿标准。

Costanza 等科学家在 1997 年首次对全球生物圈生态系统服务价值进行了探索，得出全球每年生态系统服务的经济价值大约为 33 万亿美元。国内谢高地等参考 Costanza 等人的部分研究成果，基于专家问卷调查，制定出我国生态系统生态服务价值当量因子表和单位面积服务价值表，对青藏高原不同生态资产的服务价值进行了估算。国家林业局发布了《LY/T 1721—2008 森林生态系统服务功能评估规范》。目前国内生态系统服务价值评估主要参照 Costanza 等人的生态服务价值计算公式、LY/T 1721—2008 评估规范，以及谢高地等人制定的生态服务价值当量因子。

根据以上方法计算的生态服务价值非常巨大，往往超出人类生产的价值，与人类的实际支付能力有很大差距，而且其价值会因计算方法不同存在较大差异，因此在生态补偿中一般只作为补偿标准的理论值。

（3）生态建设成本法。

流域生态补偿中生态建设成本包括直接成本和机会成本。直接成本是为保护和修复生态环境投入的人力、物力、财力。机会成本在经济学中被定义为“为得到某种东西而必须放弃的东西”，在生态补偿中可以解释为“生态系统服务功能的提供者为了保护生态环境所放弃的经济收入和发展机会”。机会成本不是通常所说的“成本”，它不是一种实际花费，而是失去的一种潜在收益。机会成本包含发展成本，即生态保护区为保护生态环境而放弃的部分发展权导致的损失，如水源保护区严格限制流域内矿产资源的开采和污染工业的发展。

国内外以成本法确定生态补偿标准的实践较多，包括直接成本、机会成本和发展成本。但基于机会成本和发展成本确定补偿标准的方法还有待完善，为此，国内学者尝试引入一些修正模型对机会成本的核算进行修正，旨在为生态补偿标准的合理计算提供依据。

蔡邦成、闫峰凌等人用专家赋权法确定生态服务功能受益权重系数，以生态建设成本为补偿主要依据，按照生态服务价值的受益比例确定不同区域分担生态建设成本的比例。在流域上下游水资源补偿费计算中，许凤冉等人认为上游生态建设总成本、向下游提供水资源的水质和水量是补偿计算最主要的因子，因此应引入水质、水量和效益修正系数。在区域生态补偿研究中，谷学明等人认为应当考虑生态服务价值的外溢量及科技进步水平，在机会成本中引入科技进步系数。在工业发展机会成本计算中，常用方法为经验对比法，即选取与研究区自然条件相近但未因保护生态环境而限制经济发展的区域作为参照对象。段靖等人认为这种方法忽略了研究区与参照区在实施生态保护前的经济发展差异对计算结果的影响，因此在经验对比法应用中引用 GDP 增速差作为衡量机会成本的标准。针对一些自然保护区兼旅游胜地的区域，章锦河等人从生态足迹的角度，比较旅游者与当地居民生态足迹的差异，评估旅游产业造成的生态环境压力以及居民进行生态环境保护行为的价值，构建基于旅游生态足迹效率的自然保护区居民生态补偿标准模型。

5.1.6 生态补偿运行机制

生态补偿标准的确定是生态补偿机制构建的重点和难题，生态补偿标准确定之后的具体运行机制是生态补偿落到实处的关键。生态补偿运行机制解决的主要问题是该由谁提供补偿费、补偿给谁、怎么补偿等。

生态补偿原则是破坏者付费、受益者付费、保护者得到补偿。生态补偿的方法和途径很多，按照补偿方式可分为资金补偿、实物补偿、政策补偿和智力补偿等；按照补偿条块可分为纵向补偿和横向补偿；按照实施主体和运作机制的差异，可分为政府补偿和市场补偿。政府补偿是以国家和上级政府为补偿主体，以下级政府及农牧民为补偿客体，主要补偿方式有财政转移支付、差异性区域政策、生态税费制度等。市场补偿是通过市场交易，兑现生态服务价值的提供，主要的补偿方式有公共支付、一对一交易、市场贸易和生态标记等。

5.2 森林生态补偿机制

生态补偿是以保护资源为目的，通过对保护资源与环境的行为进行补偿，从而激励保护行为，使得行为主体主动减少相关行为所带来的外部不经济性。森林生态价值补偿的本质是避免或者消除林业外部性。

生态与自然环境支撑着社会、经济的发展，社会、经济的发展会对生态与自然环境产生相应的影响。作为元阳梯田森林生态系统的一部分，箐口村森林生态系统将受到深远的影响。尤其是天然林不断减少，森林生态功能逐渐下降，固碳释氧、涵养水源、保护生物多样性等方面都遭到严重的破坏，产生了一系列的生态问题。

经济发展与生态保护的矛盾存在于整个人类社会发展的始终，林业发展伴随着经济发展与生态保护这个矛盾，同时也有着森林利用与森林保护的矛盾、国家生态利益与地方发展经济的矛盾。森林的可持续发展及生态系统的保护与恢复存在巨大的资金需求，而这种资金需求存在严重不足。这些矛盾与供给的不足严重影响着森林资源的有效利用与保护、生态环境的有效维持与改善。因此，解决环境维持与改善中的问题和矛盾已经迫在眉睫，其中解决在经济发展过程中对森林生态系统补偿严重不足的问题又是其中的关键一环。

森林的生态系统服务功能从某种角度来说可看成一种生态产品，市场价格无法体现出其外部经济或者外部不经济，所以不可能直接通过市场作用来调节或者纠正，从而直接导致市场失灵。因此需要以补偿的形式使私人的成本或收益与社会的成本或收益趋于一致，从而达到修正市场失灵的目的，真正使森林生态系统资源得到最优配置。

本章以元阳梯田箐口村为例，对其森林系统进行生态补偿机制的探讨。

5.3 生态补偿标准的确定

生态补偿与生态系统服务功能是对立统一的关系。生态系统服务功能是进行生态补偿的依据，而生态补偿的程度与效果又决定了生态系统服务功能修复或者改善的程度。

生态系统服务功能的难以恢复性以及不可替代性决定了生态补偿的必要性。资源与环境是人类生存和发展的基础，人类不可能超脱资源与环境生存，人类可持续发展的前提是生态系统可持续发展，因此生态补偿对人类的可持续发展至关重要。

生态系统服务功能的价值是生态补偿的基础和依据。生态补偿的度量取决于生态系统服务功能的价值量。生态补偿的前提是能够计算或者估算出相应生态系统服务功能的价值量。

生态补偿的效果影响着生态系统服务功能维持或者改善的效果。生态系统服务功能的维持与改善有着不可逆性与时效性的特点，如果生态补偿的效果达不到维持生态系统服务功能的要求，那么生态系统服务功能将会恶化并且维持与改善的成本也会增加。

5.4 元阳梯田箐口村生态补偿分析

外部经济是森林生态效益的典型特征，森林生态效益无法通过市场价格进行自主调节，也无法通过市场选择最优的资源配置形式。因此，本研究选用贴现率来调整森林的生态效用。有学者通过研究指出，维持森林生态效益正常发挥功效的社会贴现率为10%。根据2013年《国家级自然保护区总体规划大纲》规定，自然保护区至少每十年编制一次总体规划，故测算此十年规划内元阳梯田箐口村的森林生态补偿，以下公式是保护区森林生态效益的年贴现值的计算标准：

$$U_t = \frac{U}{(1+i)^n} \quad (5-2)$$

式中，U_t 为森林生态效益的年贴现值，U 为单位森林生态效益价值，i 为社会贴现率，t 为年限时间。

根据已经计算出的元阳梯田箐口村森林生态系统服务功能价

值评估平均单位面积价值 8.9 万元/(hm^2·a)，可知在本期的十年规划内元阳梯田箐口村森林生态系统年贴现值为 3.44 万元/(hm^2·a)。

根据元阳梯田箐口村森林生态系统年贴现值，通过森林生态补偿计算标准即可测算出元阳梯田箐口村森林生态补偿量。计算公式为：

生态补偿标准=森林生态价值补偿特征系数×森林生态效益年贴现值

生态价值补偿系数是用来衡量在当前的经济发展水平下，人们愿意支付生态环境服务的付费标准系数。生态补偿标准的计算公式为：

$$P = U_t L = \frac{U_t}{1 + 4.65e^{-0.052(\frac{1}{E}-3)}} \tag{5-3}$$

式中，P 为生态补偿标准，U_t 为森林生态效益的年贴现值，L 为生态补偿系数，E 为恩格尔系数。

根据 2017 年《云南省统计年鉴》可知，云南省恩格尔系数为 30.3%，则元阳梯田箐口村森林生态补偿标准为 5993.03 元/(hm^2·a)。研究区面积为 1673 hm^2，则元阳梯田箐口村每年的森林生态补偿约为 1002.63 万元。

5.5 元阳梯田箐口村生态补偿方式

生态补偿最普遍的途径是直接补偿，即直接向被补偿者提供补偿；也可通过生态补偿机构进行间接补偿。从补偿方式的角度，生态补偿可分为资金补偿、政策补偿和生态移民补偿等方式。

资金补偿指直接通过资金的方式来帮助保护区进行生态维护与改善，发展经济及建设相关基础设施，是最直接的补偿方式。

资金补偿的具体方式有发放补偿金、补贴、财政转移、免税、退税等。参照国内外的经验，可通过成立相关生态或资源环境保护的专项基金、发放补助金、推广低利率信贷等方式来进行资金补偿。同时，也应该增加对天然林的保护力度。

政策补偿指以保护生态环境为目的，通过相关政策限制保护区发展时，可以适当放宽另外一个或几个方向，在投资、教育、社会保障、人才流动等方面制定优惠或者激励措施，以便帮助保护区发展。

生态移民是将保护区内的民众通过政策激励等一系列手段，使其移民到其他相对发达地区的一种方式。生态移民是优化区域生态环境、促进保护区内民众发展最为彻底的一种方式。

5.6 生态补偿的资金来源

5.6.1 政府补偿

经济学家庇古指出，在国民经济中，拥有正向外部性的活动或者产品会因为在市场活动中得不到应该有的补偿而被抑制。只有政府干预才能消除此类外部性特征。政府干预可以采取财政转移、税收优惠等方式，这样才能使该活动或者产品继续提供服务。生态价值具有明显的正外部经济性，因此通过财政机制建立森林生态价值机制，解决生态价值生产中所需的资金投入问题是最佳选择。

5.6.2 市场机制补偿

国家财政支付在实践中存在代理成本高、资金使用效率低下、目的性不强等缺点，是目前在国际上流行的市场化生态价值补偿方式。市场补偿要求生态资源有明确的产权、生态价值可准确计量以及较低的交易成本，要求实施的国家具有相对完善的市场基础设施。

5.6.3 受益者补偿

国家应通过法规形式明确森林生态产品直接受益者的补偿对象、补偿标准的奖惩办法。如果受益者不愿意付费，可采取法律手段；否则，出现经营者不受益或受益者不经营的情况，使经营成本短缺，生态环境恶化，最终大家都会受到损失。生态环境的保护和建设直接影响农、林、牧、旅游、国土、水利等多个机构和部门，这些部门在生态环境的保护和实施过程中所承担的责任以及获得的利益都是不同的。同样，明显收益的部门应该支付相应的费用。在这方面的补偿，只能依靠政府的政策引导和激励机制。

政府补偿和受益者补偿是目前元阳梯田箐口村生态补偿的主要资金来源，市场机制补偿应该是保护区生态补偿资金来源的发展方向。

5.7 小结

（1）加大宣传：加大对元阳梯田的宣传力度，合理增加宣传投资，规划配置元阳梯田箐口村的标志性建筑，突出元阳梯田箐口村景区的特色。箐口村可以通过媒体和发放传单的方式增强农户的生态环境保护意识，不限于对森林景观的宣传，还包括对森林生态服务价值的宣传。提高公众对森林生态环境保护的认识，使公众加入保护森林环境的队伍。

（2）开发民族文化产品：箐口村是哈尼族人生活和劳动的场所，哈尼族人在这里日出而作，日落而息，众多少数民族美食和梯田红米等原生态美食产品是整个旅游开发链的延续，是旅游经济全新的增长极，可实现经济收益的跨越式增长。

世代居住在此的哈尼族人有着自己独特的民族文化，可以在保留传统民族文化的基础上进行合理开发，形成体验式的衍生产品。2008 年，箐口民俗村被云南省旅游局列为云南省首批旅游特色村，作为相对完整保留哈尼族文化和建筑特色的村落，该村可以充分发挥其优势，推出民俗体验产品以实现旅游收入的增加。

(3) 发挥生态补偿机制的作用：不仅要从思想上提高保护区附近居民对森林生态系统保护的认识，也要对其进行恰当的生态保护的物质补偿。同时，保持并提升元阳梯田箐口村森林生态系统服务功能的可持续发展能力还存在巨大的资金需求。建立元阳梯田箐口村的生态补偿机制，以在资金上确保保护区森林生态系统服务功能价值的可持续发展。

6 元阳梯田森林生态系统可持续发展对策

元阳梯田是世界文化遗产。在国家层面，它是重要的农业文化遗产、国家湿地公园和重点文物保护单位。元阳梯田的土地利用历史悠久，对其进行保护具有重要意义，所以元阳梯田的土地利用必须坚持走可持续发展的道路。

根据元阳梯田特殊的自然生态和经济社会背景，梯田景区的土地资源开发、利用与保护是实现研究区土地可持续利用的关键因素。社会经济快速增长，乡镇的现代化建设迅速发展，土地利用方式也随之不断变化。经济快速发展、相关政策法规的落实、人口增长和第三产业的快速发展是近年来元阳梯田土地利用不断发生变化的主要原因，人地关系逐渐紧张。

6.1 加强元阳梯田农业文化遗产保护

文化遗产是“不可再生资源”，对元阳梯田的开发必须做到合法、合理、科学。在开发的合法性上，规定任何单位、任何人都必须遵守文化遗产保护的相应法律法规，遵守文化遗产地的地方性保护条例。坚决抵制那些“挂羊头卖狗肉”的行为，打着发展遗产地经济的旗号，实际上对遗产地的自然资源造成破坏。文化遗产地的开发利用要具有合理性，落实“有效保护，合理利用，加强管理”的文化保护措施，这也是进行一切商业开发的前提。我们对元阳梯田的发展要具有长远目光，不能局限在对旅游业的开发上，应探索提供多途径的致富道路，充分利用元阳梯田作为世界性遗产地的商业价值。对元阳梯田实施科学的景观保护，它蕴藏着巨大的历史文化信息，这些文化信息的破坏不是我们能轻易修复的，所以我们需要用科学的方法对其进行保护和研究。

元阳梯田的保护是一种完整的生活方式、生产技术和景观生态保护。元阳梯田是当地居民的主要农业用地，它还具有生态价值和景观观赏价值。保护传统农业系统需要基本的生产工作，农民必须保护梯田，继续保持梯田原有的耕作方法，所以对于元阳梯田这种农业文化的遗产地保护，我们要采取的是动态保护的思路，在保持传统的农业生产方式的同时，对其进行合理规范，在不破坏文化资源和自然资源的前提下，选择最为有利的耕种模式，并从中获益。

6.2 梯田农业的合理开发利用

6.2.1 发展有机农业

不使用合成肥料、杀虫剂、添加剂和其他合成物质，使用没有生长调节剂或生长激素的饲料喂养家禽，保留梯田农业生态系统的生物多样性，形成良好的物质循环和能量流动，加速元阳梯田农业的可持续发展。元阳梯田农业的合理开发，有利于当地特有的传统农业耕作模式和少数民族的农业文化保护，增加村民的农业收入，促进当地的可持续发展。元阳梯田发展有机农业存在一定的条件优势，因为当地的社会经济状况相对落后，农业还处于传统阶段，很少施用化肥、农药，这为元阳梯田发展有机农业提供了良好的环境。“绿水青山就是金山银山”是我们生态环境保护的重要发展战略，保护好元阳梯田，元阳梯田就是“金山银山”。元阳县梯田管理局要充分利用其资源优势，健全元阳梯田的管理体系，创造元阳梯田特色品牌，积极开发培育多种具有元阳梯田特色的绿色、有机农业产品，使梯田保护给当地居民带来实质上的福利。

6.2.2 发展农业生态旅游

在保护与发展梯田的同时，发展梯田农业生态观光旅游，不仅提高当地的经济生活水平，还可以实现人与自然和谐相处，使自然资源和生物多样性得到保护，走向可持续发展道路。梯田景观和哈尼族的少数民族文化都是很好的旅游资源，元阳梯田旅游业已经形成一定的规模，每年国内外游客数量都在增加，2017年达到332万人次，带来了可观的经济效益。在梯田旅游开发中最值得担心的问题是，为了追求经济的发展，过度开发旅游业，使原有的历史遗留文化遭到破坏。因此要坚持发展以观光农业为主的生态旅游，充分发挥元阳县梯田管理局的作用，做好梯田旅游的管理和可持续发展规划，合理的资源开发能够对梯田保护产生积极的推动作用。梯田旅游开发带来的经济收益，可以用于梯田的生态环境保护，如建立梯田自然环境保护基金。旅游的健康发展，需要相关配套行业，比如建筑、交通、餐饮、娱乐、通信等行业随之逐步发展起来，当地的人均收入不断增加，生活水平提高。同时需加强少数民族文化荣誉感建设，使当地民众自愿参与农业遗产的保护。

6.3 加强土地资源的管理

加强元阳梯田土地资源的管理，建立国土管理和梯田管理部门，建立健全梯田管理机制，实行相关工作人员的分片保护责任制，按照梯田的保护管理条例，严格控制梯田景区的项目建设，并对村民建筑用地进行规划和合理控制。对梯田景区部分村寨出现的违章建房、占道经营等现象进行整治，确保元阳梯田作为世界文化遗产的真实性、完整性和延续性，加强对红河哈尼梯田遗产区的综合治理，加大梯田景区管控力度，改善遗产区生态环境，提高旅游服务质量，促进元阳梯田可持续发展。组织相关部门对遗产区“两违”建筑、生态环境、经营环境、户外标识等方面开展综合整治工作。对遗产区内的挖沙采石、取土作业进行严格规范，强制暂停乱挖乱采项目，加强对元阳梯田及周边生态环境的保护。科学制定元阳梯田管理和保护条例，科学规划梯田景观展示平台、梯田历史博物馆等旅游展览设施，引导游客前往参观。

将元阳梯田的农田划入国家基本农田保护范围，保持元阳梯田原有的稻作用途。对元阳梯田进行生态环境修复工作，组织村民修复老虎嘴、多依树景区的废弃梯田和泥石流滑坡区的梯田。恢复水稻梯田的种植，逐步提高农用地的生产力，在土壤测试和配方施肥的基础上，增加谷物的产量，间作促进改良品种，防治病虫害。执行退耕还林政策，做到荒山造林、封山育林，提高村民植树造林、护林的积极性，保护林地资源，划定生态红线。

6.4 提高土地利用率

区域内土地利用面积的不断变化对区域的生态系统安全存在一定的影响。元阳梯田的生态环境安全是梯田生态环境保护中的重要内容。需加强研究区生态环境的调查和研究工作，建立元阳梯田生态环境信息管理系统，实现生态环境信息数据的存储和管理，并在此基础上对定量数值进行模拟、预测和管理决策支持。在生态环境信息数字化存储管理和信息快速更新的基础上，进一步发展模型化的生态环境分析技术，为生态环境建设决策提供重要的现实依据。生态环境建设是农业、林业、水利等多部门合作进行的项目，为了改善生态环境，提高整体生态系统的稳定性、空间异质性和景观多样性，构建合理的自然和人工景观格局，促进景观格局整体优化。调整产业结构，提高土地利用率，提高人口素质，增强生态保护意识，运用先进的科学技术，提高农田的单位面积产量，提高元阳梯田的土地生态承载能力，改变村民的生活消费方式，减少资源消费，构建节约、集约、高效型的生产和消费体系，实现元阳梯田景区生态可持续发展，土地资源可持续利用。

6.5 保持各利益方的平衡

元阳梯田的动态保护需要社会各方面的积极参与。有必要建立多重参与机制，相互合作。保护和开发元阳梯田是一个复杂的项目，需要多方参与和合作。元阳梯田生态环境保护的多方参与机制，需要国际组织、政府机构、企业、科研院所、原著居民的共同合作。元阳梯田是具有世界重要性的农业文化遗产，需要省、州、县和乡政府等协调，对遗产保护工作起服务、协调和监督的作用；企业参与起着“助推器”的作用，这也要求企业家承担相应的遗产地保护的社会责任和义务。国内外现有很多政企合作对遗产地进行开发和保护的例子。元阳梯田不仅是独特的自然和文化遗产，而且是一个融合了自然、文化、非物质等特征的综合性遗产，它涉及生态、农业、林业、水利、民族、民俗、经济、管理、旅游等领域，具有珍贵的科研价值，还有许多值得研究的问题，需要以科学的方式进行研究，建立相关数据库。当地村民是最适应元阳梯田的社会、经济和生态环境的群体，能代表当地的利益和偏好，更加了解梯田和传统自然资源的生态变化，对颁布的相关自然资源管理决策和行动更有责任感和行动力。

提高农民对梯田保护和梯田种植的积极性，实施梯田补贴和农产品补贴等政策补贴，以及引导旅游龙头企业投入对梯田农业的保护。推动梯田红米种植，打造大规模市场，打造红米品牌。实施乡村振兴战略，大力推广清洁能源利用，提高元阳梯田的资源利用率，使元阳梯田的森林资源、水资源等得到长久保护，建设生态宜居的美丽梯田村落。

参考文献

[1] 陈利顶，李秀珍，傅伯杰，等. 中国景观生态学发展历程与未来研究重点［J］. 生态学报，2014，34（12）：3129－3141.

[2] 程浩，张厚喜，黄智军，等. 武夷山不同海拔高度土壤有机碳含量变化特征［J］. 森林与环境学报，2018，38（2）：1－8.

[3] 杜虎，曾馥平，宋同清，等. 广西主要森林土壤有机碳空间分布及其影响因素［J］. 植物生态学报，2016（4）：282－291.

[4] 段兴凤，宋维峰，李健，等. 云南省元阳梯田水源区森林土壤入渗特性研究［J］. 水土保持通报，2011，31（4）：47－52.

[5] 段兴凤. 元阳梯田水源区森林水源涵养功能研究［D］. 昆明：西南林业大学，2011.

[6] 范元昌，何作庆. 红河哈尼族文化研究［M］. 昆明：云南大学出版社，2008.

[7] 胡文英. 元阳哈尼梯田景观格局及其稳定性研究［D］. 昆明：昆明理工大学，2009.

[8] 黄昌勇. 土壤学［M］. 北京：中国农业出版社，2000.

[9] 黄宗胜，符裕红，喻理飞. 喀斯特森林自然恢复中土壤微生物生物量碳与水溶性有机碳特征［J］. 应用生态学报，2012，23（10）：2715－2720.

[10] 角媛梅，杨丽萍. 基于遥感和 GIS 的元阳梯田分形美的多尺度研究［J］. 山地学报，2008（3）：339－346.

[11] 李双成，郑度，张镱锂. 环境与生态系统资本价值评估的

区域范式［J］. 地理科学，2002，22（3）：270－275.
［12］李文华，刘某承，闵庆文. 中国生态农业的发展与展望［J］. 资源科学，2010，32（6）：1015－1021.
［13］李文华. 生态系统服务功能价值评估的理论、方法与应用［M］. 北京：中国人民大学出版社，2008.
［14］李阳芳，宋维峰，和俊，等. 元阳梯田核心区不同土地利用类型土壤水文效应研究［J］. 水土保持研究，2012，19（6）：54－57.
［15］李阳芳，宋维峰，彭永刚，等. 元阳梯田不同土地利用类型表层土壤的抗冲性［J］. 中国水土保持科学，2012，10（5）：31－35.
［16］刘纪远，匡文慧，张增祥，等. 20 世纪 80 年代末以来中国土地利用变化的基本特征与空间格局［J］. 地理学报，2014，69（1）：3－14.
［17］刘利花，尹昌斌，钱小平. 稻田生态系统服务价值测算方法与应用——以苏州市域为例［J］. 地理科学进展，2015，31（1）：92－99.
［18］刘某承，伦飞，张灿强，等. 传统地区稻田生态补偿标准的确定——以云南哈尼梯田为例［J］. 中国生态农业学报，2012，20（6）：703－709.
［19］刘永杰，王世畅，彭皓，等. 神农架自然保护区森林生态系统服务价值评估［J］. 应用生态学报，2014（5）：1431－1438.
［20］刘玉龙，马俊杰，金学林，等. 生态系统服务功能价值评估方法综述［J］. 中国人口资源与环境，2005，15（1）：88－92.
［21］马姜明，梁士楚，杨栋林，等. 桂北地区桉树林及其他三种森林类型土壤有机碳含量及密度特征［J］. 生态环境学报，

2013，22（8）：1282－1287.
[22] 马菁，宋维峰，吴锦奎，等. 元阳梯田水源区林地降水与土壤水同位素特征［J］. 水土保持学报，2016，30（2）：243－248，254.
[23] 欧阳志云，王如松，赵景柱. 生态系统服务功能及其生态经济价值评价［J］. 应用生态学报，1999，10（5）：635－640.
[24] 欧阳志云，王效科，苗鸿. 中国陆地生态系统服务功能及其生态经济价值的初步研究［J］. 生态学报，1999（5）：19－25.
[25] 欧阳志云，肖寒，赵景柱，等. 海南岛生态系统服务功能及其生态价值研究［G］//李文华，欧阳志云，赵景柱. 生态系统服务功能研究［M］. 北京：气象出版社，2002.
[26] 饶碧玉，王静，杨建荣，等. 基于层次分析法的元阳梯田灌区生态环境需水评价研究［J］. 水资源与水工程学报，2009，20（1）：35－39.
[27] 孙儒泳. 基础生态学［M］. 北京：高等教育出版社，2002.
[28] 孙新章，谢高地，成升魁，等. 中国农田生产系统土壤保持功能及其经济价值［J］. 水土保持学报，2005，19（4）：156－159.
[29] 田鹏，李加林，史小丽，等. 浙江省土地利用格局时空变化及生态风险评价［J］. 长江流域资源与环境，2018，27（12）：2697－2706.
[30] 万炜，魏伟. 土地利用/覆被变化的环境效应研究进展［J］. 福建农林大学学报（自然科学版），2017，46（4）：361－372.
[31] 王兵，任晓旭，胡文. 中国森林生态系统服务功能及其价值评估［J］. 林业科学，2011（2）：145－153.

[32] 王冲，祖艳群，李元. 元阳梯田区域不同植物群落枯落物及表层土壤水分涵养功能研究［J］. 中国水土保持，2011，(5)：43-46，69.

[33] 王棣，耿增超，佘雕，等. 秦岭典型林分土壤活性有机碳及碳储量垂直分布特征［J］. 应用生态学报，2014，25 (6)：1569-1577.

[34] 王军，顿耀龙. 土地利用变化对生态系统服务的影响研究综述［J］. 长江流域资源与环境，2015，24 (5)：798-808.

[35] 王清华. 梯田文化论——哈尼族生态农业［M］. 昆明：云南人民出版社，2010.

[36] 文波龙，任国，张乃明. 云南元阳哈尼梯田土壤养分垂直变异特征研究［J］. 云南农业大学学报，2009，24 (1)：78-81，93.

[37] 吴霜，延晓冬，张丽娟. 中国森林生态系统能值与服务功能价值的关系［J］. 地理学报，2014 (3)：334-342.

[38] 肖强，肖洋，欧阳志云，等. 重庆市森林生态系统服务功能价值研究［J］. 生态学报，2014 (1)：216-223.

[39] 谢高地，肖玉，鲁春霞. 生态系统服务研究：进展、局限和基本范式［J］. 植物生态学报，2006，30 (2)：191-199.

[40] 谢高地，肖玉. 农田生态系统服务及其价值的研究进展［J］. 中国生态农业学报，2013，21 (6)：645-651.

[41] 谢雯颖，田昆，刘令聪，等. 哈尼梯田人工湿地旅游利用中生态系统可持续性及其传统文化保护［J］. 湿地科学与管理，2012，8 (1)：56-59.

[42] 徐福荣，汤恩凤，余腾琼，等. 中国云南元阳哈尼梯田种植的稻作品种多样性［J］. 生态学报，2010，30 (12)：3346-3357.

[43] 徐俏，何孟常. 广州市生态系统服务功能价值评估［J］. 北

京师范大学学报（自然科学版），2003，39（2）：268－272.

[44] 许圆圆，祖艳群，李元，等. 元阳梯田周围不同群落P元素背景值特征及其元素循环［J］. 中国农学通报，2011（22）：28－33.

[45] 许圆圆，祖艳群，陈建军，等. 元阳梯田周围不同植物群落氮元素背景值特征及其元素循环［J］. 云南农业大学学报（自然科学），2012，27（2）：270－275.

[46] 杨晓梅，程积民，孟蕾，等. 不同林地土壤有机碳储量及垂直分布特征［J］. 中国农学通报，2010（9）：132－135.

[47] 姚敏，崔保山. 哈尼梯田湿地生态系统的垂直特征［J］. 生态学报，2006（7）：2115－2124.

[48] 尹飞，毛任钊，傅博杰，等. 农田生态系统服务功能及其形成机制［J］. 应用生态学报，2006，17（5）：929－934.

[49] 于贵瑞. 全球变化与陆地生态系统碳循环和碳蓄积［M］. 北京：气象出版社，2003.

[50] 袁在翔，金雪梅，翟凯燕，等. 常见绿化树种对土壤碳氮垂直分布及其有机碳储量的影响［J］. 南京林业大学学报（自然科学版），2018（42）：35－42.

[51] 张参参，吴小刚，刘斌，等. 江西九连山不同海拔梯度土壤有机碳的变异规律［J］. 北京林业大学学报，2019，41（2）：19－28.

[52] 张海燕，樊江文，邵全琴. 2000—2010年中国退牧还草工程区土地利用/覆被变化［J］. 地理科学进展，2015，34（7）：840－853.

[53] 张莉，童绍玉. 中国省元阳哈尼族梯田水文化：传统与变迁［J］. 楚雄师范学院学报，2014，29（4）：62－68.

[54] 张永利，杨锋伟，王兵，等. 中国森林生态系统服务功能研究［M］. 北京：科学出版社，2010.

[55] 周晨，丁晓辉，李国平，等. 南水北调中线工程水源区生态补偿标准研究——以生态系统服务价值为视角 [J]. 资源科学，2015，37 (4)：792－804.

[56] 周晓宇，张称意，郭广芬. 气候变化对森林土壤有机碳贮藏影响的研究进展 [J]. 应用生态学报，2010 (7)：1867－1874.

[57] 邹君，刘兰芳，谢小立. 湖南亚热带丘岗区稻田生态系统水分平衡研究 [J]. 热带地理，2002，22 (3)：270－274.

[58] Berger T W，Neubauer C，Glatzel G. Factors controlling soil carbon and nitrogen stores in pure stands of Norway spruce (Picea abies) and mixed species stands in Austria [J]. Forest Ecology and Management，2002，159 (1)：3－14.

[59] Bhattacharya S S，Kim K H，Das S，et al. A review on the role of organic inputs in maintaining the soil carbon pool of the terrestrial ecosystem [J]. J Environ Manage，2016 (167)：214－227.

[60] Costanza R，Adrge R，Degroot R，et al. The value of the world's ecosystem services and natural capital [J]. Nature，1997，387 (6330)：253－260.

[61] Costanza R，Daly H E. Natural capital and sustainable development [J]. Conservation Biology，1992，6 (1)：37－46.

[62] Costanza R. The value of the world's ecosystem services and natural capital [J]. Nature，1997，387 (15)：253－260.

[63] Dafdon R. Spatial scales，stakeholders and the valuation of ecosystem services [J]. Ecological Economics，2006

(57): 209−228.

[64] Daily G C. Management objectives for the protection of ecosystem services [J]. Environmental Science & Policy, 2000, 3 (6): 333−339.

[65] Mccarthy J F. Carbon fluxes in soil: long − term sequestration in deeper soil horizon [J]. Journal of Geographical Sciences, 2005, 4 (15): 149−154.

[66] Gram W K. Evaluation the effects of ecosystem management: A case study in a Missouri Ozark forest [J]. Ecological Applications, 2001, 3 (11): 1667−1679.

[67] Groot R S, Wilson M A, Boumans R. A typology for the classification, description and evaluation of ecosystem functions, goods and services [J]. Ecological Economics, 2002, 41 (3): 393−408.

[68] Hein L, Koppen K V, Rudolf S, et al. Spatial scales, stakeholders and the valuation of ecosystem services [J]. Ecological Economics, 2006 (57): 209−228.

[69] Jobbgy. The vertical distribution of soil organic carbon and it's relation to climate and vegetation [J]. Ecological Applications, 2002, 2 (10): 423−426.

[70] Lal R. Potential of desertification control to sequester carbon and mitigate the greenhouse effect [J]. Climatic Change, 2001, 51 (1): 35−72.

[71] Marklein A R, Houlton B Z. Nitrogen inputs accelerate phosphorus cycling rates across a wide variety of terrestrial ecosystems [J]. New Phytol, 2012, 193 (3): 696−704.

[72] Pouyat R, Groffman P, Yesilonis I, et al. Soil carbon pools and fluxes in urban ecosystems [J]. Environmental

Pollution, 2002 (116): 107－118.

[73] Schimel J. Rice, microbes and methane [J]. Nature, 2000 (403): 375－376.

[74] Tripler C E, Kaushal S S, Likens G E, et al. Patterns in potassium dynamics in forest ecosystems [J]. Ecol Lett, 2006, 9 (4): 451－466.

[75] Tumer R K J, Paavola P, Cooper S, et al. Valuing nature: Lessons learned and future research directions [J]. Eeological Economies, 2003 (46): 493－510.

[76] Turner B L, Skole D, Sanderson S, et al. Land Cover Change Science/Research Plan, IGBP Report No. 35 & HDP Report No. 7 [C]. Stochkholm: IGBP, 1995.

[77] Vasantha M, Srinivasa K, Prasanna V. Evaluation of groundwater suitability for domestic, irrigational and industrial purposes: A case study from Thirumanimuttar river basin, Tamilnadu India [J]. Environment Assess, 2011, 3 (22): 1－16.

[78] Zhang J, Li Y, Chang S X, et al. Understory management and fertilization affected soil greenhouse gas emissions and labile organic carbon pools in a Chinese chestnut plantation [J]. Forest Ecology and Management, 2015 (337): 126－134.

后　记

梯田和森林具有重要的生态系统服务功能和价值。对于森林生态系统，以往人们比较熟悉的是其产品价值，可以用作建材、制作家具等。随着碳达峰和碳中和目标的设定，森林生态系统服务功能受到高度重视。森林生态系统的固碳能力可以在碳中和的实现中发挥重要作用。元阳梯田与森林生态系统作为西南山区的典型代表，对建设低碳农业、发挥农林生态系统的生态功能、建设生态文明，具有重要的借鉴作用。

笔者在近几年的教学科研工作中，多次到重庆、云南、贵州等地调研，收获颇多，深刻体会到习近平总书记关于"绿水青山就是金山银山"的思想。梯田和森林的生态价值将在乡村振兴和碳中和方面发挥重要作用，有助于西南山区的乡村振兴，有助于发展绿色乡村旅游，有助于建设生态文明，实现区域低碳可持续发展。

本书的顺利出版，首先要感谢重庆三峡学院的支持，感谢环境与化学工程学院对本书出版的资助；还要感谢云南农业大学资环学院师生的协助；感谢四川大学出版社的大力支持。

郭先华

2022 年 12 月于重庆